K.G. りぶれっと No. 24

フランス経済社会の近現代
──その史的探訪

市川文彦／奥野良知／中垣勝臣／乗川　聡

田中延幸／金子真奈／定藤博子／井上紗由里［著］

関西学院大学出版会

はじめに

　この小著は、大学で設けられる講義『ヨーロッパ経済史』、『フランス経済史』、また『ヨーロッパ経済論』、『フランス経済論』等々で、フランス経済社会の生成と展開のダイナミズムを学ぼうとする学生諸君を念頭に編まれたものです。

　本書では、特定の経済トピックスの幾つかを論じながら、フランス近現代史を軸にスペインとドイツの当該期の一齣を検討していくスタイルを採っています。紙幅の点からしても、近代期から21世紀初頭までを扱う通史書とするのではなく、ここではフランス経済システムの個性に根ざした諸論点が、如何に形成され、如何なる軌跡を辿っていくのかに注目してみました。

　フランス語で、歴史を意味する"*histoire*"という語は、「物語り」とか「来歴」という語義を含むと共に、「組織分析」の意を有する"*histolyse*"という生物学用語も派生しています。本書より、フランス近現代の史的な物語りを以て、同時に社会経済システムを「組織分析」していくための様々な手掛かりを得てみて下さい。

目次

はじめに　3

序　章
　　　　　　　　　　　　　　　　　　　　　市川　文彦 7

第Ⅰ部　"六角形"の内側への史的探訪

第1章　香水産業史からみたフランス社会
　　　　　　　　　　　　　　　　　　　　　中垣　勝臣 15

　1　奢侈と宮殿とマリー＝アントワネット——18世紀
　2　革命と合成香料とゲラン——19世紀
　3　芸術とモードとシャネル——20世紀前半

第2章　ふらんす風〈買物風景〉——流通史からの展望
　　　　　　　　　　　　　　　　　　　　　市川　文彦 25

　1　買物風景の現況
　2　近代：いちば・振り売り・店舗の展開
　3　現代：買物風景のこれから

第3章　20世紀フランス経済とアメリカナイゼーション
　　　　　　　　　　　　　　　　　　　　　乗川　聡 35

　1　フランスでのアメリカナイゼーションと反アメリカニズムの関係
　2　戦間期フランスにおける状況
　3　戦後フランスにおける状況

第4章　中小企業金融の形成——職人向け融資政策史
　　　　　　　　　　　　　　　　　　　　　金子　真奈 45

　1　フランスにおける中小企業の位置づけ
　2　日本との比較
　3　職人向け融資制度成立の背景

第Ⅱ部　"六角形"の近接地域への史的探訪

第5章　スペイン・カタルーニャの地域工業化
奥野　良知..............55

1　はじめに
2　地域間分業の成立──蒸留酒醸造業と毛織物業
3　農村毛織物業の発展
4　綿業の成立と展開

第6章　戦後の独仏経済関係──シューマン・プランからローマ条約へ
田中　延幸..............63

1　シューマン・プランと独仏和解
2　ECSCの経済的側面
3　ECSC設立後の独仏経済関係

付　　録　71
あとがき　77

COLUMN 1　市川　文彦　　23
　　　　　　2　井上　紗由里　33
　　　　　　3　金子　真奈　　44
　　　　　　4　定藤　博子　　52
　　　　　　5　市川　文彦　　62
　　　　　　6　市川　文彦　　70

序章

1 〈本書のテーマ〉に関して

　本書がテーマとするのは、近現代期フランス（主に 18 世紀末から 21 世紀初頭まで）の経済社会が如何に形成されてきたのか、その軌跡を四つの視角から照らし出すこと、さらにフランスに近接して、密接な経済関係を有してきた二つの隣国スペインとドイツの史的展開を吟味していくことです。

　このようなテーマは、フランス・スペイン・ドイツを対象とする各国経済史研究という領域において、我が国でも世界中でも永きに亘り検討が積み重ねられてきました。近年ではヨーロッパ経済史、国際経済関係史、またグローバル経済史といった、より大きな枠組みへ位置づけながら、各国の経済社会史を、また各経済社会間の関係史を考察していく研究が進んでいます。後に改めて触れますが、本書最終の第 6 章の主題も、そのような試みの一つとなります（さらに「コラム 1」も参照）。

　さて我が国でも、フランス経済社会の生成・展開史をテーマとする経済史・経営史研究が、〈フランス経済史研究会〉メンバーをはじめとして、現地の史・資料を吟味した高度で緻密な実証分析を基礎にしながら、着実に進展してきました。ここでは今後の学習の手掛かりとなる近現代フランス経済の発展史を捉えるための定評ある通史書等を、挙げておきます。

　共に原輝史氏編集になる、〈フランス経営史〉を書名に掲げた本邦初の記念碑的研究書から、〈EU 経営史〉を初めてテーマに据えた画期的な編著書までの十一冊です（なお＊印が付された文献は本書の「コラム」または巻末の「文献ガイド」で取り上げられるもの）。

＊原輝史編『フランス経営史』有斐閣、1980年。
フランソワ・キャロン（原輝史監訳）『フランス現代経済史』早稲田大学出版部、1981/1983年。
モーリス・レヴィル゠ボワイエ（中山裕史訳）『市場の創出──現代フランス経済史』日本経済評論社、1951/2003年。
アラン・ベルトラン、パスカル・グリゼ（原輝史監訳）『フランス戦間期経済史』早稲田大学出版部、1994/1997年。
ミッシェル・マルゲラズ（廣田功・権上康男訳）『20世紀フランス資本主義史論　国家・経済・社会』日本経済評論社、2004年。
経営史学会編『外国経営史の基礎知識』有斐閣、2005年。

またフランスの経済発展に関して、簡潔にして豊かな叙述を含む次の二つの文献も有用です。

＊アントワーヌ・プロスト（村上愼弓訳）『20世紀のフランス──歴史と社会』松籟社、1992/1994年。
谷川稔・渡辺和行編『近代フランスの歴史──国民国家形成の彼方に』ミネルヴァ書房、2006年。

ヨーロッパ経済史・経営史という視角からフランスを展望するのが次の三冊です。

＊原輝史・工藤章編『現代ヨーロッパ経済史』有斐閣、1996年。
渡辺尚・作道潤編『現代ヨーロッパ経営史──「地域」の視点から』有斐閣、1996年。
＊原輝史編『EU経営史』税務経理協会、2001年。

2 〈本書の構成〉

さて本書は、近代・現代のフランス経済社会の特質の形成史を扱った四つの章と、比較史の点からフランスの隣国たるスペインとドイツを吟味する二つの章から構成されています。前者を第Ⅰ部「"六角形"の内側への史的探訪」で考察し、後者を第Ⅱ部「"六角形"の近接地域への史的探訪」として吟味します。

"六角形"とは、その国土の形状を表現する語（"*l'Hexagone*"）であり、いうまでもなく本書がこだわっていくフランスを意味しています。ちなみに *les Hexagonaux* とは、この"六角形"に在る人々、すなわちフランス人のことです。

第Ⅰ部 「"六角形"の内側への史的探訪」

先ず第1章では、今日でも魅力的なフランス土産であり、有力輸出品の一つである香水に注目します。その商品としての成立史と、近代期から奢侈財産業として展開してきた香水製造・販売業のこれまでを概観します。各先進国の成熟化した消費生活も、昨秋（2008年）以降の世界不況下で変容を余儀なくされていますが、香水はフランス人の今後のライフ・スタイルの変化を映し出す一反射鏡であるかもしれません。

第2章では、フランス人の買物風景への接近が主題となります。日用品に関し、彼らがどこで、何を買うのか、その現況とともに、近代以降の小売流通チャンネルの形成と多様化の歴史的プロセスが検討されます。ヨーロッパの多くの街角で認められる「いちば」（路上市）と人々との消費生活との結び付き具合や、ハイパー・マーケット、スーパー・マーケットと日常の消費スタイルとの関係が議論されます。

第3章は、第二次大戦後の世界全体に著しい影響を与えた"アメリカ

ニズム"現象を取り上げます。"アメリカニズム"の、フランス社会への浸透ぶりと共にフランス側からの反応状況をも検討していきます。戦勝国と敗戦国という点でフランスと日本の、大戦後の立場は好対照でしたが、共に超大国・アメリカ合衆国の援助を受けながら〈戦後復興〉を成し遂げ、さらに様々なアメリカ文化の産物が大流入してきた両国の共通性と差異性にも注意してみましょう。

第4章の課題は、フランス社会を特徴づけ、その根幹の一つを成してきた職人層に注目し、彼らの経済活動を支えてきた中小企業向け融資業務の、戦間期（1930年代）以降の制度化と今日までの政策形成を吟味するところにあります。フランスのみならず、広くヨーロッパ全体の工業文明の礎を築いてきた職人技の蓄積と伝統は、フランスでは、その国際競争力の高さに反映された高級消費財（絹織物、服飾品等）生産と結びついてきます。ここでは、このような職人層生産活動の支柱となった金融システムの形成史を検討します。

第Ⅱ部「"六角形"の近接地域への史的探訪」

さてフランスに隣接するスペイン、なかでも「スペインの工場」と称されたカタルーニャ地域の織物業を中心に18–19世紀工業化過程の検討に充てられるのが、第5章です。フランスでも、本格的に展開した工業化（＝工業化「第二局面」）を先導し、これに先行するプロト工業化（＝工業化「第一局面」）で重要な役割を担ったのが、主導部門交替を伴いつつ展開した毛織物業また絹業、綿業のような各種織物産業でした。カタルーニャ地域とフランス各地における工業化の第一・第二局面の異同を比較史的視角から探ることによって、スペイン、フランス両国経済の、それぞれの特質が明らかになることでしょう。

第6章は、もう一つの隣国・ドイツ（旧西独）とフランスとの第二次大戦後における経済関係の深化を吟味していきます。独仏経済関係の動

向は、ヨーロッパ内での重要な二国間関係の動きに止まりません。それは今日、世界経済のセンターの一つである欧州連合体（EU）の基礎となった、地域経済統合の進展自体とも重なり合ってきます。ヨーロッパ経済の成長という、より大きな枠組みから、また隣国から展望されるフランス経済の動態を考えてみます。

　本書には、以上の各章の他に、フランスにまつわるトピックスに関する「コラム」、また「文献ガイド」や「長期統計グラフ」を収めています。フランス社会へ史的に接近していくための、今後の手掛かりにしていって下さい。

（市川　文彦）

第Ⅰ部

"六角形"の内側への史的探訪

第1章

香水産業史からみたフランス社会

　香水というと、みなさんはどんなブランドを思い浮かべますか？　ゲラン、シャネル、ディオール、エルメス……。共通点はというと、いずれもフランスの超高級ブランドですよね。香水はフランスの重要産業のひとつなのです。でも、なぜフランスには多くの有名な香水ブランドが存在するのでしょうか。

　本章では、各社の今日の広告やマーケティング戦略、ブランド戦略から少し距離をおいて、また香りを構成する成分自体やその特徴とは別に、フランス香水産業が先人から継承した「社会資産」ともいうべき香りの文化と伝統の一端について、時代を遡って歴史的に検討しましょう。フランス香水産業史研究の第一人者であるエリザベット・ド・フェドー女史の研究が、私たちの道案内をしてくれるでしょう。

1　奢侈と宮殿とマリー=アントワネット——18世紀

　奢侈品あるいは贅沢品は、その存在を求める人がいて初めて存在します。歴史上そうした人物は洋の東西を問わず権力支配者であり、それは国王や貴族、聖職者たちでした。ヴェブレンの衒示的消費の概念が示すように、彼らにとってモノとは単なる使用価値を超えた地位や身分や権力の象徴だったのです。この場合、消費するとは見せびらかすことに他なりません。それ故、彼らが消費するモノはすべて奢侈品でなければな

りませんでした。

　そうした奢侈品の消費が頂点に達する象徴的な舞台装置となったのが、ヴェルサイユ宮殿です。主演は国王ルイ14世。彼の命により1661年に造営が始まったこの宮殿自体はもちろん、室内装飾や家具調度品の細部に至るまで贅を極めていました。舞台の上では、連日連夜、絢爛豪華な舞踏会や晩餐会が催され、見せびらかしの消費がおこなわれましたが、そこでは香料は特別な意味を持っていました。当時の衛生状態から発される宮殿内の悪臭を消すという実用性のほか、スポットライトを求めて浮き世を泳ぎ渡る貴婦人たちが、手袋などに香りを染み込ませて自分の存在をアピールするための小道具として用いていたのです。

　香水と手袋はそれ以前から深い関係があります。獣皮の臭いを消す香料を必要とする皮なめし職人たちは、手袋香水製造業者を名乗っていました。16世紀半ばの、とある南仏の田舎の産業らしき産業といえば皮なめしでした。その小村を、フィレンツェのメディチ家のカトリーヌ・ド・メディシスが、後のフランス国王アンリ2世に輿入れする途中に通りかかりました。あたりは皮なめし用の植物性香油の匂いであふれ、この地が香料植物の栽培に適していることを悟った彼女は、ここに研究所をつくりました。これを機に香料生産の中心地として発展する小村、それがグラースです。

　さて18世紀末、モードや美に対する宮廷婦人の欲求は、国王ルイ16世の妃マリー＝アントワネットの登場によって沸点に達します。彼女はファッション・リーダーとして、またモードの革命家として、新しい髪型やドレスなどを次々と流行させ、社会に多大な影響を与えましたが、香水や香料に関しても貴重で高価なエッセンスを使用した自分好みの新しい香りを、御用達調香師ジャン＝ルイ・ファージョンに創作させました。もちろん国庫という財布の中身など一切気にもしないで。

　王妃の功罪は、消費者かつ庇護者として香水を含めフランスのモードの水準を極限まで高め、奢侈品をビジネスとして確立させる基盤を与えたと同時に、その流れを一時停止させてしまったことでしょう。貴婦人

をその虜にして破産に至らしめ、王妃自らが消費することで創造し自らを破滅へと導いた豪奢な宮廷文化。宮廷という統治システムは断頭台の上で破断されますが、宮廷が研磨した香りとモードの文化は、革命の混乱を経た後のフランスに受け継がれていきます。威厳と奢侈品を求める皇帝の軍靴と歩調を合わせながら……。

2　革命と合成香料とゲラン——19世紀

　1789年、フランス革命は香水製造業者をとりまく環境に大きな変化をもたらしました。91年3月、結社を禁じたル・シャプリエ法が成立すると、同業者組合が禁止され、初期独占が解体されて営業の自由が確立されたのです。手袋香水製造業者組合は解散させられ、産業界に規制緩和が生じ、誰でも自由に新しい香水店を設立できるようになりました。その結果、香水ビジネスへの新規参入が相次ぐことになります。

　革命によって変化しなかったこともあります。シリ、ピヴェール、ウビガンなどの宮廷御用達香水商は革命を越えて存続していきます。また、調香師の育成には6年間の徒弟修行を条件とするなど、1830年以降になっても旧体制期の組合の職業訓練システムを継承していました。さらに、王政復古や帝政期などをとおして、宮廷や貴族、高級ブルジョワジーなど時の権力層や上流層を上顧客としていた点などは旧体制期となんら変わりません。香りの文化は生き続けました。革命のフィルターをとおして伝統の持つ悪しき部分は解体され、良き部分は継承されたというわけです。

　19世紀前半、フランスの香水産業はイギリスとの競争に晒されていました。危機感を抱いた製造業者が新製品や新製法の研究開発に勤しんだ結果、香水の品質は大いに向上し、イギリスを凌駕して80年代にひとつの頂点を迎えます。82年にポール・パルケが合成香料を用いた香水の創作に成功したのです。それがウビガン香水店から『フジェール・

ロワイヤル』という商品名で発売されました。本格的な化学的香水第1号の誕生です。

　合成香料は天然香料に比べて、品質の安定が容易かつ大量生産が可能です。電気・化学・鋼など19世紀後半の重工業化時代（第2次産業革命期）に、香水は、香水店で調香される伝統工芸品から、工場で生産される化学工業製品になろうとしていました。香水製造は職人の時代から工業家の時代へと移っていきますが、だからといって調香師の重要性が低下したわけではありません。むしろ、未知なる香という無形芸術の創造主に対する評価は一層高まっていくのです。

　合成香料の商業的成功という点では、1828年創業のゲラン香水店が89年に発売した芸術的誉れ高い『ジッキー』が挙げられます。創業者のピエール＝フランソワ＝パスカル・ゲランは、イギリスで学位を取得した医者兼化学者でありながら、53年にナポレオン3世皇妃ウジェニーにオー・デ・コロン『インペリアル』を献上するなど、皇帝御用達調香師として名を馳せていました。その息子で2代目のエメ・ゲランが調香した『ジッキー』は、有産階級の身だしなみとして多くの淑女を魅了しました。この時期、高級香水の使用が一層の社会的広がりをみせはじめたのです。

　また89年といえば、時あたかも革命100周年を祝うパリ万博が開催されていました。世界中から訪れた多くの観光客が、「ここから眺めるパリが一番すばらしい」とエッフェル塔嫌いの文豪モーパッサンに皮肉られたその展望台から、花の都のパノラマを満喫しました。そして彼らは、博覧会に出品された多くの香水とともに、ゲランのうわさの香水を買い求めたことでしょう。

第 1 章　香水産業史からみたフランス社会　　　19

図 1　最新モードの啓蒙
出典：絵入り新聞『イリュストラシオン』紙 1877 年 3 月 10 日付より。

3 芸術とモードとシャネル──20世紀前半

　19世紀末に始まるベル・エポック期から1920年代の狂乱時代にかけて、香水産業は新たな時代思潮とともに更なる飛躍を遂げます。この時期、芸術においては有機的曲線美を特徴とするアール・ヌーボー様式と、それに続く幾何学的機能美を特徴とするアール・デコ様式が登場し、香水瓶を創造したガラス造形家のエミール・ガレやドーム兄弟、モーリス・マリノなど、多くの芸術家が誕生します。

　近代香水産業の父と呼ばれるフランソワ・コティは、一方で消費者との直接的対話手段の確立、試供品配布、世界的販売網構築、一貫生産体制の確立など企業家として様々な革新をおこない、天然香料と合成香料の調合による『ローズ・ジャックミノ』を1904年に発売して大成功を収めましたが、他方で香水を視覚的な芸術の域にまで高めた人物でもありました。それまで香水と香水瓶は別物でしたが、「香水は芳香である以前にオブジェである」という信念を持つコティは、販売する香水の容器に芸術性を追求するあまり、高名な宝飾作家に香水瓶の製作を依頼しました。こうしてルネ・ラリックとのコラボによる香水第1号『エフルール』が07年に誕生しました。

　さて、1857年、ナポレオン3世皇妃や王侯貴族の衣装を仕立てたチャールズ゠フレデリック・ウォルトがパリに店を構え、オートクチュール（高級衣装店）とクチュリエ（デザイナー）の時代が幕を開けた時から半世紀を経て、やはりパリで帽子店を開いたひとりの女性がいました。彼女の名はガブリエル・シャネル。1909年のことです。4年後、彼女がイギリス海峡沿いの高級避暑地ドーヴィルに衣装店を開くと、自身がデザインしたリゾート向けの軽装が、第一次大戦中に疎開してきた上流階級に支持されました。戦後、活躍の場をパリに戻すと、働く女性向けの、紳士服から着想を得た機能的なデザインによって、彼女は一躍、時代の「寵児」になりました。

図2　20世紀初めのバラを用いた香水製造風景
出典：絵入り新聞『イリュストラシオン』紙1922年8月19日付より。

　シャネルはモードと香水の有機的結合がもたらす戦略的利益、すなわち統一ブランドによる相乗効果の利点を理解していました。1921年、調香師エルネスト・ボーによる名香『N°5』を発売しましたが、商品名同様に過剰な装飾性を排除したアール・デコの極致ともいえる無機質な容器は、シャネル・ブランドの象徴であり、彼女の哲学そのものでした。シャネルの成功によってウォルト（『ダン・ラ・ニュイ』1924年）、ランヴァン（『マイ・シン』1924年）、パトゥ（『アムール・アムール』1925年）など、クチュリエによる香水事業への参入が相次ぎました。彼らのもつブランド・イメージに従って、香水瓶はドレスのようにつくられ、香りはメゾンのスタイルと調和されていきました。

　他方、大衆消費が時代のキーワードとなりつつあった20世紀前半には、人々の香水へのあこがれを満たすべく、大衆化戦略を採用する企業も登場しました。なかでもブルジョワ社は『N°5』や『N°22』の創造

主であるボーが調香した『ソワール・ド・パリ』を、「高級香水、わずか9フラン」「妻は甘美に歓び、夫は価格に喜ぶ」という宣伝文句とともに1929年に廉価で発売し、大衆の支持を得ました。自分のデザインが模倣されるのをよしとしたガブリエルがこれをどう受け止めたのかはわかりませんが、高級なイメージを維持しつつも香水の大衆化が進展するきっかけとなったことは間違いないでしょう。

　フランスの香水産業は、これまでみてきたように長い伝統をもっています。香水は香水のみで存在するのではなく、時には宮廷や貴族や有産階級に花を添え、時には文化や芸術やモードに染み込みながら、産業としての土台を形成してきました。この土台は個々の香水商や調香師が創作した香りとその名声によって築かれたとしても、パリやフランスの文化や伝統や歴史が育んだ総体として、香水産業全般が享受する価値であり、模倣不可能な「社会資産」となっているのです。こうした資産を継承しながら第二次大戦後、モードや奢侈品・高級品の分野から香水事業に多くのメゾンが参入しました。ディオールしかり、エルメスしかり……。

（中垣　勝臣）

〈参考文献〉

Elisabeth de FEYDEAU《De l'hygiène au rêve: un siècle de luxe en parfumerie (1830-1939)》, J. MARSEILLE (dir.), *Le luxe en France du siècle des《Lumières》à nos jours*, ADHE, 1999.

エリザベット・ド・フェドー著（田村愛訳）『マリー・アントワネットの調香師』原書房、2007年。

平田幸子『香水ブランド物語』学習研究社、2007年。

広山均『香りの匠たち──香水王国フランス賛歌』フレグランスジャーナル社、2008年。

山口昌子『シャネルの真実』（文庫版）新潮社、2008年。

山田登世子『シャネル──最強ブランドの秘密』朝日新聞社、2008年。

由水常雄『香水瓶』二玄社、1995年。

COLUMN 1

ビジネス・ヒストリー
——企業行動の軌跡を追う歴史学

　＊企業は、フランスの社会経済システムにおいても重要な経済主体の一つです。フランス、世界中には大小様々な企業が存在し、それぞれ経営理念と経営目標を実現するために戦略を立てて、一定の利益を獲得しながら経営活動を実践しています。このような基本原則は全ての企業に共通するものでしょうが、経営理念の中身や戦略の特性、経営活動の実践法・スタイルは、その「社風」と共に、仮に同一の産業部門にあっても企業間でかなり異なってくるものです。

　＊企業行動の国際比較を試みると、各企業が帯びる「お国振り」が、企業ごとの特徴をかなり増幅し、特性を明瞭化させます。ちょうど同じ人間同士でも、その「国民性」、「文化」の違いによって、同一の目標達成を目指す際ですら、人びとの発想法、行動様式に明確な差異が生じます。このような差異は、一人ひとりの「個性」の反映とも重なります。

　＊それでは、フランス企業が有する特質とは何でしょうか？　例えば、職人芸と結びつく少量多品種生産方式による高品質絹製品の製造センターであること、ヨーロッパ有数の自動車生産国であることが示すように、国際競争力をもった高級消費財生産を得意とする大小の企業がフランスに群生していることがわかります。

　＊このようなフランス企業の個性の形成や、その企業行動の軌跡と諸特質を探ろうとした我が国初の研究書が、原輝史編『フランス経営史』(1980年) です。編者は日本におけるフランス経済史・経営史を究める研究者の組織である〈フランス経済史研究会〉、日仏経営学会、等のリーダーである一人。さらに編者は欧州統合という、より大きな観点からフランスを初めとするヨーロッパ各国の企業史を検討した先駆的試み、『EU経営史』(2001年) の編集・刊行にもあたっています (本書「序章」及び巻末「文献ガイド」参照)。

　＊加えて近年の企業家論 (企業家研究フォーラム)、経営人類学 (国立民族学博物館での共同研究)、市場史 (市場史研究会)、組織史といった多様な新アプローチの援用により、フランスを対象とするビジネス・ヒストリー研究のさらなる深化が期待されるところです。

(市川　文彦)

第 2 章

ふらんす風〈買物風景〉
——流通史からの展望

1　買物風景の現況

　皆さんは、いつも牛乳やトマトを、どのような店で買いますか？　コンビニエンス・ストアで？　それともスーパー・マーケットでしょうか？　買入れる商品別に、こまごまと訪ねる店を使い分けていく人もあれば、大型ショッピング・センター内のチェーン・ストアで、あるいは近所のコンビニ店で、一度に何でも買い揃えてしまう人もいるはずです。

　本書が取り上げるフランスの場合も、一見すると今日の日本と変わらず、都市郊外に大規模なショッピング・モールがみつかります。大都会には書籍やDVD専門の安売りチェーン店や、大小様々なスーパー・マーケットが備えられて、多くの人々が利用しています。

　日本と異なる点は、首都パリでも農村部でも、（土産物店を除き）多くの専門店や、また一部のハイパー・マーケットと百貨店とが、（書き入れ時の週末に混雑する日本とは対照的に）日曜休業を続けていること。24時間営業型のコンビニ店が、殆ど見当たらないこと（なお、日本的なコンビニ店に匹敵するのは、高速道路上、幹線道上のガソリン・スタンドに併設の小売ショップでしょう。24時間営業で、出来合いの食品・スナック類、飲料はじめ新聞、雑誌、文具、花、雑貨品、季節によっては薪や徳用袋入のジャガイモや玉ねぎのような食材も販売する小空間。但し、この便利な店には車で乗り付けることが大前提に）。

さらにフランスで特徴的な状況は、パン製造・小売店のような特定の食料専門店の利用度の高さや、街頭、広場で展開する朝晩、または日中の市（いちば）の賑いぶりです。例えばパリの場合、定まった曜日の早朝7時から午後2時頃までの、あるいは夕市のような、路上の定期市だけで70カ所以上が存在し、さらに専用の建物内での常設市場が幾つもあります（パリ市役所資料2007年）。

　次の表1によれば、フランス全土で、人々が最も頻繁に買物をする場所は、先述のハイパー・マーケット／スーパー・マーケットが断然一位を占め9割以上の、つまり調査対象の殆ど全員が利用しています。同時に注目すべきは、第二位の買物先となる市場（いちば）であり、6割近くの人々が通っていることがわかります。僅差で、これに小規模専門小売店が続きます。日本の場合と比べると、例えば東京での市場への依存度は大変低く、都内総消費量中、市場からの購入比率は魚類4.3％、野菜・果実類4.6％です（東京都調査2004年）。

　フランスは、日本にもかつて進出を果たしたグローバル展開型の、カルフールのようなハイパー・マーケットを擁し、また世界史上初のデパート創設（ボン・マルシェ百貨店、1852年創業）を誇る国です。これら新旧の小売組織と共に、いま概観したように、今日でも様々な流通チャンネルが維持され、人々は多様な利用をしています。このような多面にわたる流通チャンネルが、如何に形成され（節2）、今後どのように展開していくのか（節3）を、これから考えていくことにしましょう。

2　近代：いちば・振り売り・店舗の展開

　フランスに限らず、八百屋、パン屋のような固定の食品小売店や、その後に登場のスーパー・マーケットで生活必需品を購入するスタイルが、今日の姿のように一般化し定着するのは近現代期（19世紀以降）

表1　食品を購入する際に、もっとも頻繁に利用する上位3カ所（2007年）

(複数回答による全国平均値)

スーパーマーケット／ハイパーマーケット	94.0%
いちば	57.9%
小規模小売店	55.2%
ハード・ディスカウント店	35.6%
農家	10.5%
その他	1.7%

出典：CREDOC "Baromètre de la perception de l'alimentation", aout 2007, p. 24

に入ってからです。それ以前には、人々は定期市や常設市場へ通い、または各所を巡回する路上の商人たち（＝「振り売り」「呼び売り」）から、買入れていました。

　とりわけ人口急増による都市大膨張（世紀初頭から1901年までの百年間に、五倍以上の270万人へ）を経る19世紀パリでは、近代を迎えてなお穀物、野菜などの食材を含む食料関連の販売店舗不足が深刻であり、また（台所などの）住居設備が整っていなかった状況ゆえに、調理の要らぬ出来合いの食物と、市場（いちば）と呼び売り達を、首府は永らく必要としていました（図1、図2）。

　近代パリの人々への食料流通を担ったのは、店舗と共に、このような市場での売り手と、振り売り達でした。興味深い点は、彼らが庶民への食料供給者であったと同時に、都市での新たな商品需要創出にも与る、都市流入者へ就業機会をもたらす集団でもあったことです。つまり今日の発展途上国でのインフォーマル・セクターのように、都市部の振り売り業は、小規模で、高度の技術や資本を必要としない、新規参入の容易な職種の一つでした。その存在はパリへ流入してきた多くの人々に仕事を与えることで（雇用の受け皿化）、一定の新たな消費者群を生み出すように作用したのです（市川「パリの〈胃袋〉とその周辺」1995年）。

　近代フランスの流通システムは、かかる柔軟性も帯びて展開していきます。パリでは食料品店も、第二帝政期（1852-70年）以降に入ると定

28　第Ⅰ部　"六角形"の内側への史的探訪

図1　近代パリの、街の呼び売りたち

出典："Cris de Paris"

説明：A：マッチ売り　B：ブラシ売り　C：くず屋　D：玉ねぎ売り　E：水売り
　　　F：花売り　G：菓子パン売り　H：礼服屋　I：版画売り　J：夕刊売り
　　　K：眼鏡、望遠鏡屋　L：焼きカレイ売り　M：栗売り　N：木の実割り屋
　　　O：服地裾まつり売り　P：傘売り　Q：甘草水売り　R：はさみ売り
　　　S：ごぼう売り　T：アーティチョーク売り　U：台所用品売り　V：ガラス屋
　　　Y：ニシン売り　Z：菓子売り

第2章　ふらんす風〈買物風景〉　　29

図2　パリ港の一つ、「リンゴ港」でのリンゴ市
出典：絵入り新聞『イリュストラシオン』紙、1890年1月4日付記事より。

着しますが、この大都会内部での街区の特性、人口成長の動向によって、店舗タイプ、展開状況に差異が多様に現れてきます。1860年代から第1次世界大戦前夜にかけて、旧市街を軸とする市中心部（第1区〜第4区）では、人口が持続的に減少し並行して店舗数も減じていきました。対照的に、労働者階層が多数、居住していた市の最周辺部（第11区〜第15区と第18区〜第20区）は人口・店舗数ともに増加傾向を示していました。

　また19世紀後葉には、フェリックス・ポタン（Magasins Félix POTIN）のような新種の大規模食料品店チェーンも登場し、市内中心部（旧市街）で展開し既存の小売店舗を淘汰しながら、中産階級を顧客としていきました。これに対して市最周辺部の労働者居住地区では、第11区、第19区を除き、「つけ買い」がきき、彼らの生活習慣に合わせ

てくれた旧来の零細食料品店が依然、増加し続けていました（市川「パリ中央市場の成立と近代フランスの流通システム」1991年）。

このように街の性格や、対象となる顧客タイプによって、近代フランスの流通システムの各小売チャンネルは、環境に応じて組織を編成し直す柔らかな伸縮性を有してきたという特徴を帯びています。近代のデパート誕生が、その前身の流行新服製造・販売店時代に、既に編み出していた新商法（現金決済・正札制・入店自由）をより洗練させ、さらに衣服以外の商品販売へと拡張していった軌跡（市川ほか『史的に探るということ！』第4章、2006年）に、また今日でも現金販売を基本としつつ商品によりクレジット・カード、小切手決済も受容する露店市の姿に、百貨店＋スーパーマーケット結合店に、その特徴が認められます。

3　現代：買物風景のこれから

以上のように、フランスの市は近代期の食糧、日用品の様々な流通チャンネルの一つとして定着し、展開を続けてきました。

それでは、市を含む、フランス流通システムの今後は、どのように展望できるでしょうか？　先の表1からは、品物の種類により「いちば」へ行くと同時に、併せてハイパー・マーケットへも足を延ばす人が、数多く含まれることが推測できます。

ここで留意すべき点は、〈栄光の三十年間〉 *Les Trente Glorieuses* を経た現代フランスに限らず、日常生活に不可欠な食品、他の生活必需品を供する流通チャンネルが、時に人々に、新たなライフ・スタイルを提案する存在であると共に、消費者の変化に富む生活様式、その動態から、少なからぬ影響を受け、消費者側の求めに応じて販売方式を変えていかねばならぬ存在でもあることです。

今日のフランスでも、（そして日本でも）都市郊外に立地した大型で、駐車場完備の、ハイパー・マーケットに車で乗りつけて、一週間分の

表2　食品購入の買物3回のうち、最低1回以上は〈いちば〉へ行く者の比率
（2007年）

パリ地域	65.3%
パリ盆地東部	54.0%
パリ盆地西部	65.7%
北　部	41.8%
東　部	57.8%
西　部	52.8%
南西部	57.4%
南東部	63.5%
地中海地域	52.4%
全国平均	57.0%

出典：CREDOC "Baromètre de la perception de l'alimentation", aout 2007, p. 26

　生活必需品を、週末に一度、まとめ買いで購入するスタイル（いわばOnce-a-week Shopping）の人々は多数に上ります。このアメリカ流の消費行動は、しかし近年のフランスでは、一部で見直されつつあります。
　特に食品購入は、（冷凍品などの）〈週に一度のまとめ買い〉から、人々が鮮度に敏感になってきて、より頻繁に、週に何回かに分けて食品購入をしていくスタイルへと、志向変化が認められます。この背景には、フランスの世帯が所有する冷蔵庫サイズが、アメリカのそれ程は大きくなく、まとめ買いの制約が自ずと存在するという指摘もあります。興味深いのは、このような最近の消費者動向に対応して、ハイパー・マーケット側も、より頻繁な購入スタイルを前提とした、より小さなサイズ、容量の商品も、従来以上に店頭に置くよう努めているという新傾向です（日仏経営史研究東京会議、2008年12月、での議論）。
　消費者の新鮮さへのこだわりは、表2や他の最近のデータから、パリ市やパリ首都圏部、そして農村部でより大きく、また全国においては、より豊かな所得階層での、自らの住居近くの市、食料専門店へ通う人々の比率の高さに顕れています。それは街・集落それぞれの個性の反映で

あり、地域・階層差を伴っています。

　セルフ・サーヴィス方式ではなく、売り子と客との間での対面販売方式による「いちば」や小型専門店は、売り手への信用、信頼感に基づく商品情報をより多く供する発信源であり、また買物を介して人々のコミュニケーションを楽しむ場、そして人と人を結びつけ、賑いをもたらす場としての機能も、地域社会へ与えています。

　大量仕入・販売による商品単価の安さ、営業日数、営業時間の長さを特徴とするハイパー・マーケット、ハード・ディスカウント店網と、市(いち)、小型専門店との競争はさらなる激化が予想されます。この状況の中でフランスの消費者たちは今後も、これまでと同様に商品のタイプによって、また自らのライフ・スタイルと気分に応じて、これら多様な流通チャンネルを巧みに組み合わせつつ、柔軟に日常生活を設定していくことでしょう。

（市川　文彦）

〈参考文献〉

　田中道雄『フランスの流通──流通の歴史・政策とマルシェの経営』中央経済社、2007年。
　マーケティング史研究会編『ヨーロッパのトップ小売業──その史的展開』同文舘出版、2008年。
　市川文彦「パリ中央市場の成立と近代フランスの流通システム」『市場史研究』第9号、1991年。
　────「パリの〈胃袋〉とその周辺　1857-1914年」『北陸都市史学会誌』第4号、1995年。
　────「日用品流通史研究への比較地域史的接近」『市場史研究』第28号、2008年。
　市川ほか『史的に探るということ！──多様な時間軸から捉える国際市場システム』関西学院大学出版会、2006年。

COLUMN 2

女性の憧れの都 "パリ"

＊書店に行くとパリについてとりあげている本や雑誌がよく目につきます。また、パリに精通する有名人などのライフスタイルは女性の注目、そして憧れを集めています。なぜパリはそれほど女性を惹きつけるのでしょうか。

＊パリではセーヌ河、エッフェル塔、凱旋門、バスティーユ広場など、少し歩くだけであちこちに素晴らしい光景が目に入り、そこはまるで絵画の世界に入り込んだような都市です。そして、フランス・デザインの物は洗練されていて、いつの時代も女性の心を魅了します。また、遠いフランスは誰でも簡単に行ける国ではありません。そういった意味で、人々の憧れを集めているのでしょう。

＊しかし、実際にパリを訪れて、それだけではないと感じました。パリに行って感じたことは「パリは甘くない！」ということ。絵画のような街並みが存在すると同時に、デパートの前にはゴミが散乱していたり、治安が悪く観光客は使ってはならないと注意される地下鉄の路線があったり、信号無視は当たり前だったりと、そのイメージとのギャップの激しさにまず驚かされました。また、観光大国といって過言ではないにもかかわらず、フランス語のメニューしか置いていないレストランが多かったり、英語を使うと嫌な顔をされたり、買い物をしても店員さんは終始無言であったり……。なんだか、よそ者の私には居心地がとても悪かった思い出があります。

＊それでもなお、パリは憧れです。きっと、私たちにとって簡単に溶け込むことができず、また簡単に受け入れてもらえないという敷居の高さもあるからこそ、フランス、特にパリは憧れを集め続けるのではないでしょうか。

（井上 紗由里）

第3章

20世紀フランス経済と
アメリカナイゼーション

1 フランスでのアメリカナイゼーションと反アメリカニズムの関係

　フランス人はアメリカ嫌いである、とよく言われます。確かに、2003年のイラク戦争の際にフランスが派兵を拒否したことはこの通説を改めて証明する出来事でしたが、それ以外にも、フランスは、グルメ産業でファーストフードに抵抗し、ブランド品で大量生産に対抗し、英語を決して話さない反アメリカの国であると世界中の人々が認識しています。しかしその一方で、パリの街を歩けば、マクドナルドの店舗、ハリウッド映画の看板、英会話学校の広告、カフェのオープンテラスでコカコーラを飲む人々、等々をしばしば見かけ、アメリカに対抗意識を燃やしているはずのフランスも実はかなりアメリカナイズされているということに気付きます。
　しかし、このような状況は何も現在に限ったことではありません。
　20世紀は「アメリカの世紀」といわれ、アメリカの政治的・経済的・文化的影響力が世界中に波及した「アメリカナイゼーション」の時代でした。アメリカナイゼーションとは、大まかに説明すると、国民の大多数を占める一般大衆が精神的にも物質的にも充足した生活を送れるようするためにアメリカで発展した様々な制度や方法がアメリカ以外の国で普及すること、より具体的に言えば、大量生産システム、科学的管理、自由化、民営化、規制緩和、大衆文化といった「アメリカ的方法」が普

及することによって、いわゆる「伝統社会」がアメリカ的な社会に変化することを意味します。

　もちろんフランスの経済と社会も、20世紀を通じ、アメリカナイゼーションの影響を受けて大きく変化しました。しかし、フランスに特徴的だったのは、ある時期にアメリカナイゼーションが進展すると、それに呼応するかのように反アメリカニズムが沸き起こり、その二つが相互に作用することによって独自の経済・社会システムを作り出すことになったという点です。

　そこで本章では、20世紀フランスにおけるアメリカナイゼーションの実態とそれに対する反アメリカニズムの議論を概観し、両者がそれぞれどのようにフランスの経済・社会に影響を及ぼしたのかを確認していきたいと思います（図1）。

図1　戦後フランスをも席捲したアメリカ製品の雑誌広告
（フランコ・アメリカ社製の即席スパゲッティ缶）
出典：『ライフ』誌、1950年9月18日号記事より。

2　戦間期フランスにおける状況

①第一次世界大戦の衝撃とアメリカナイゼーションの開始

　一般に、フランス人がアメリカに強い関心を持つようになったのは第一次世界大戦（1914-18年）がきっかけだといわれています。なぜなら、これまでの戦争とは違い、大量の武器や弾薬を使用し、未曾有の人的・物的損害をもたらした第一次世界大戦は、国力の源泉とは保有する金や軍隊の規模だけではなく、必要な物を作れるだけの力、すなわち「生産力」にあるという教訓を残し、それまで職人的労働による高級品生産にこだわってきたフランス人にもアメリカ型大量生産システムの重要性を認識させたからです。

　戦時中、軍需大臣アルベール・トマの指導の下で軍需工場に導入されたアメリカ型大量生産システムは、1920年代になるとルノー、シトロエン、ミシュランなどの自動車関連産業をはじめ、機械、電機、繊維、食品、製靴など数多くの産業部門に広がり、これらの企業では、製品の規格化、作業の標準化、流れ作業生産、研究開発、出来高賃金制度など、「科学的管理」という言葉で総称されるアメリカ的方法が導入されました。またこの動きは、個別企業のレベルを超え、商務大臣クレマンテルを中心とする政治家・高級官僚たちや、商業会議所、フランス科学的管理全国協会（CNOF）などの経営者団体、「ルドレスマン・フランセ」に代表される知識人グループなどの様々な活動によって奨励されたほか、これまで「労働強化」を理由に大量生産に反対してきた労働組合も、労働時間の削減や賃上げ、社会保障の充実などを条件として、アメリカ的方法の導入に賛成するようになりました。

②世界大恐慌と反アメリカニズムの興隆

　しかし、このアメリカナイゼーションを促進しようという風潮は、1929年10月の世界大恐慌の発生によって一変することになります。

アメリカナイゼーションが開始されたとはいえ、依然として19世紀的なメンタリティを残していたフランスの人々にとって、世界大恐慌によって混乱するアメリカの姿は、大量生産・大量消費とそれを可能にするための過剰投資によって繁栄した「物質文明」の終焉であるかのように思われました。1930年代に入ると、政府は過剰競争を避けるための経済組織化の道を模索し、労働者もアメリカ的方法の是非を再検討するようになりました。

　そしてこのような風潮を反映し、言論界を中心に反アメリカニズムの議論が高まり、様々な著作が出版されるようになりました。中でも、ジョルジュ・デュアメルの『未来生活の情景』(1930年)と、ロベール・アロンとアルノー・ダンデューの共著『アメリカ癌』(1931年)が良く知られていましたが、前者ではアメリカの物質文明が「新たな野蛮」として非難され、後者ではアメリカの金融資本によるヨーロッパ社会の「植民地化」が非難の対象となりました。

③世界恐慌下のアメリカナイゼーション──「企業の論理」

　このような批判の中、1930年代フランスの経営者たちはどのような態度をとったのでしょうか。

　確かに、経営者団体の多くはアメリカ的な自由競争を警戒し、カルテルによる生産調整や保護貿易を主張するようになりましたが、その一方で、特に大企業において科学的管理法の導入や企業合併による集中化などのアメリカ的方法が進展するという現象が見られました。これは一見すると、これらの企業経営者たちが依然として生産の拡大によるアメリカ型社会の実現を目指していたかのように思われますが、フランスの経済史家エメ・ムテの指摘によれば、彼らの動機は、生産の拡大ではなく、アメリカ的方法のもうひとつの特徴であるコスト削減効果による利益の確保にありました。つまりこれらの企業は、アメリカナイゼーションの是非を「文明論」で判断するのではなく、「企業の論理」によって判断し、その導入を進めていたのです。ここにフランス経済・社会の「近

代化」の一端を垣間見ることができるでしょう。

＊＊＊

　しかしながら、戦間期フランスにおけるアメリカナイゼーションは、全体的に見れば、ごく一部の大企業でのみ実施された例外的な試みの域を出るものではありませんでした。当時、ほとんどのフランス人労働者はアメリカナイゼーションとは無縁のアトリエ（フランスでは小工場のこともこのように呼びます）で働き、アメリカの大衆消費社会とは程遠い生活を送っていました。したがって、戦間期のフランス人にとってアメリカは、「新世界」であると同時に、「別世界」と呼ぶべき存在だったのです。

3　戦後フランスにおける状況

①アメリカ主導の戦後国際体制とフランス経済の発展

　第二次世界大戦後、フランスは他の西ヨーロッパ諸国や日本と共に、アメリカを中心とするいわゆる「西側陣営」に属し、IMF-GATT体制の下でドルを基軸通貨とする国際自由貿易体制の中で経済の復興と発展を目指す道を選択しました。

　アメリカによる資金援助を背景として形成されたこの体制に従うことは、当然のことながら、経済・社会・そして文化のアメリカナイゼーションを自ら受け入れることを意味しましたが、戦後のフランスは、それでもなお独自の特徴を備えた発展を経験することになりました。

　例えば、生産技術や労働組織化に関しては、他のヨーロッパ諸国や日本同様、フランスもアメリカの資金援助により生産性向上使節団を多数派遣し、アメリカ的方法の習得に努めましたが、結局フランスは、大量生産よりもむしろ熟練した職人による高級品の生産で国際的な知名度を上げることになりました。

また、経済発展に不可欠な企業の集中化に関しても、フランスでは、アメリカ的な自由競争・企業合併による淘汰ではなく、政府の主導による国有化や計画経済、企業グループの形成によってこれを実現しました。
　以上の特徴に加え、フランスでは同族企業の広範な残存、1カ月に及ぶバカンス、頻発するストライキやデモ行進など、アメリカ的資本主義の発展過程で次第に淘汰されるはずの特徴が数多く残存して見受けられ、それがフランス経済の特徴として広く知られることになったのです。

②戦後フランス経済と反アメリカニズム
　このような特徴を備えたフランス経済の確立には、言うまでもなく、反アメリカニズムが大きな影響を与えました。しかし、戦後の反アメリカニズムには、戦間期の文明論だけでなく、様々な立場の人々が異なる動機によって主張する多種多様な内容が含まれていました。
　その一つは、資本主義そのものに反対し、共産主義へのシンパシーを帯びた左翼知識人たちが唱えた反アメリカニズムで、計画経済の有効性を信じ、市場経済システムが引き起こす弊害（過当競争、独占、格差の拡大など）を警戒した彼らは、アメリカ的な自由競争社会に対する警告を発し続けました。
　もうひとつの反アメリカニズムは、フランス特有の大国意識に起因する反アメリカニズムです。ルイ14世以来「世界の中心」を自認してきたフランス人は、第二次大戦後、その座をアメリカに奪われつつあるという危機感を持つようになり、それが反アメリカニズムという形で表現されたのです。この動機による反アメリカニズムの代表的存在は、戦後フランス最大の政治家、シャルル・ド・ゴールでした。そして戦後フランスは、彼の直接的・間接的影響力の下、外交・経済政策においてアメリカと常に一定の距離を保ち、東側諸国や第三世界と一定の友好関係を維持するという、独自の立場をとり続けることになります。
　これに加え、フランスの経済・社会に残存している伝統的特徴（同族経営、中小企業、職人的生産、高級品志向など）もまた、それ自体がア

メリカ的方法の対極にあるという単純な理由ゆえに、反アメリカニズムとしての役割を果たすことになりました。

このような多様な反アメリカニズムが複合的に作用することにより、先に挙げたようなフランス経済の特徴が形成されていったのです。

③フランスの高度経済成長と反アメリカニズムの衰退

こうした状況の下、戦後フランス経済は、1940年代後半から70年代にかけて、「栄光の30年」と呼ばれる高度経済成長期を経験しました。しかし、この経済成長の達成は同時にフランスにおける反アメリカニズム衰退の開始を意味しました。なぜなら、この時期を通じてフランス社会が変化した結果、反アメリカニズムがその存在意義を次々と失っていったからです。

その社会の変化とは、ヨーロッパの市場統合に伴うフランス人の大国意識の低下、東西冷戦の進展に伴う共産主義に対するシンパシーの減少、そして大衆消費社会の到来によるライフスタイルの変化でした。

1970年代にEC（現在のEU）の主導で本格化し、フランスも中心となって参加したヨーロッパ市場統合は、それまで独自の判断で外交・経済政策を実施してきたフランスが、今後はECの枠組みで決められた政策に従わなければならないことを意味するものでした。しかしフランス人はこの選択肢を受け入れ、自分たちの国が「世界の中心」ではなく、ヨーロッパの一部であると認めるようになっていきました。それと同時に彼らはアメリカが「世界の中心」であるという既成事実も認めるようになったため、アメリカへの対抗心に起因する反アメリカニズムがその存在意義を失っていったのです。

さらに、共産主義へのシンパシーを動機とする反アメリカニズムも、プラハ侵攻（1968年）、ソルジェニーツィンの『収容所群島』出版（1974年）、そしてアフガニスタン侵攻（1979年）など、ソヴィエトで発生した様々な出来事によって次第にその影響力を失い、1980年代、ミッテラン政権による国有化が失敗し、西側資本主義諸国と東側共産諸国の間の経

済格差が明らかになると、完全にその存在意義を失うことになりました。

そして、フランスでは1960年代以降に実現した大衆消費社会の到来が、戦後の反アメリカニズムの影響力を決定的に衰退させることになりました。フランスは第二次世界大戦後直ちに植民地と独立戦争に入ったため、高度経済成長下にも拘らず大衆消費へのメンタリティが低調な状態が続きましたが、1962年にアルジェリア戦争が終結すると、1930年代には「別世界」の出来事であった大衆消費社会がいよいよ現実のものとなりました。フランスでも自動車や家電製品などの耐久消費財の保有率が飛躍的に上昇し、生活水準が格段に向上しましたが、それは同時に、日常生活におけるアメリカ的価値観の浸透をも意味しました。1960年代以降、フランスの一般大衆、特に若者たちは、Tシャツとジーンズに身を包み、コカコーラを飲み、ハンバーガーを食べ、モダンジャズやロックなどのアメリカ音楽に興奮し、「フラングレ」と呼ばれる英語化されたフランス語（日本で言う和製英語のようなもの）を口にするようになりました。こうして、アメリカ文化を受け入れ、物質的充足が精神的充足につながる「物質文明」を自らのものとしたフランス人は、これ以降、生産と消費をめぐる様々な問題を、アメリカニズムの枠組みとしてではなく、人類に共通する普遍的な問題として議論することになり、反アメリカニズムはここでも活躍の場を失うことになったのです。

こうして、反アメリカニズムを払拭したフランス経済は、冷戦が終結し、アメリカ経済が回復し、EU通貨統合の実現が迫っていた1990年代、シラク政権の下で大規模な民営化を推進し、真の「資本主義国家」としてグローバル化する世界経済に参加していく姿勢を明確に示すこととなったのです。

＊＊＊

以上概観してきたとおり、20世紀フランスの経済と社会は、アメリカナイゼーションと反アメリカニズムの相互作用によって独自の発展を

遂げてきましたが、総合的に見れば、その進路はアメリカナイゼーションの方角にあるということができるでしょう。

とはいえ、現在のフランス経済・社会が依然として本章の中で紹介したような特徴を維持していることは確かです。アメリカの経済史家、リチャード・キュイゼルは、1993年に出版したフランスにおけるアメリカナイゼーションを詳細に研究した自著において、「フランスはフランスのままであり、フランス人はフランス人のままである」というシンプルな結論を示しましたが、少なくとも現時点では、その言葉は妥当であるように思われます。

しかしながら、現在、フランスも他の国と同様、「グローバリゼーション」という名の新たなアメリカナイゼーションの波にさらされ、それに呼応した反アメリカニズムも盛んになっています。歴史は繰り返されるのか。今後もフランスはフランスのままでいられるのか。グローバリゼーションを運命として受け入れつつも、未だ確固たる方向性を見出すことができずにいる我々日本人にとって、フランスにおけるアメリカナイゼーションと反アメリカニズムの歴史を理解し、現状を観察し、未来を予想することは、決して無駄なことではないように思われます。

(乗川　聡)

〈参考文献〉

河上勉・中谷猛（監訳）『ナショナリズム・反ユダヤ主義・ファシズム』藤原書店、1995年。
津田幸男・浜名恵美（共編）『アメリカナイゼーション　静かに進行するアメリカの文化支配』研究社、2004年。
原輝史『フランス戦間期経済史研究』日本経済評論社、1999年。
廣田功『現代フランスの史的形成』東京大学出版会、1994年。

COLUMN 3

フランス人とスターバックス

＊アメリカで開業し世界規模で展開するコーヒーショップ・チェーン「スターバックス」がパリに上陸したのは2004年1月。あっという間に店舗数を増やし、現在パリ市内に34店舗、郊外を含めると42店舗、そしてフランス国内2番目の進出先としてリヨンに進出が決定し、フランス全土では43店舗に及びます。カフェ文化の確立されているフランスにおいてスターバックスの成功は、どのように受け止められているのでしょうか。

＊新しい文化を受け入れる素養やアメリカ文化に小さい時から慣れ親しんできた若者にとっては、スターバックスでコーヒーを飲むことが一種の流行になっているそうです（本書第3章も参照）。一方で本場のカフェと比べて価格が高く、またチェーン店を好まない人たちにとって、スターバックスで提供されているメニューは伝統的なコーヒーからかけ離れていると感じるようです。

＊しかし、スターバックスに先駆けてフランスに進出したアメリカ産の「マクドナルド」チェーンもすっかりパリの町並みに溶け込んでいるように、スタバとカフェもうまく共存できるのかもしれません。パリのカフェとは元々お洒落でもなく、安くて美味しいコーヒーが飲める、街中どこにでもあるもの。そういう意味で、スターバックスは今、パリの本来のカフェに近づいているようです。アメリカの文化をどうしても受け入れたくない人はやはりいるようですが、スターバックスがフランスにおいて、さらに成長するかどうか、今後の動きも興味深いものです。

（金子 真奈）

第4章

中小企業金融の形成
―― 職人向け融資政策史

1 フランスにおける中小企業の位置づけ

　先進諸国において、中小企業は経済活性化やイノベーションの源泉、雇用の維持及び創出の原動力と位置付けられ、政府は中小企業政策を重視しています。政策金融はその柱の一つであり、各国において異なる政策金融手法がとられているのは、それぞれの国が歩んできた歴史的経緯や、政治的、経済的環境が異なるためであると考えられます。

　フランスにおける現在の「中小企業」（PME: petites et moyennes entreprises）の定義は、1996年に定められた欧州連合の定義が援用され、表1のように従業員規模の基準に合わせて従業員数250人未満とされ、フランスでは現在、約265万企業を数えます。

　表2は、国立統計経済研究所（INSEE）資料より作成したものです。データは2004年の数値であり、また欧州連合の定義とは異なる区分ですが、これによると従業員数250人未満の中小企業及び零細企業が、全企業総計の99％を占めています。そのうち従業員数10人未満の零細企業の占有率が約88.36％と、非常に高水準です。零細企業は多くの「職人」（artisans）を含んでおり、経済の重要な部門の一つとして位置付けられています。

　「職人」を伝統的イメージと結びつけて捉える場合、職人とは忍耐強く仕事に情熱を注ぎ、固有のノウハウを有して質の高い正確な仕事をす

るので、日本でもフランスでも敬意を以って迎えられます。しかし、経済主体としての職人は衰退の中にあり、基本的に時代遅れであると認識され、ネガティブなイメージを持たれます。

　フランスにおいて中小企業を検討する場合、職人による手工業（手職：artisanat）の展開を措きつつ論ずることはできないでしょう。フランスでは、様々な側面で中産階級の存在が留意されることが多く、とりわけ職人層が重視される場合が多いからです。またフランスの個人主義的傾向が、中小企業の広範な存在理由の一つになっており、特にそれが手工業において象徴的に表れていると考えられるからでもあります。

　従って本章では、フランスの中小企業向け政策金融制度について、2にて最近の実態と日本との比較を行い、3で、その制度が生み出された背景を、政治的、経済的要因や歴史的経緯を踏まえて、とりわけ職人向けの融資に着目して捉えていきたいと考えます。

2　日本との比較

　日仏共にプレゼンスが大きい中小企業に関して、日本と大きく異なる制度をベースに成り立っているフランスの仕組みをそのまま日本に適用

表1　欧州連合における中小企業の定義

企業規模分類	従業者規模	かつ	いずれか	
			売上高	総資産額
零細企業	0-10人未満		（200万ユーロ以下）	（200万ユーロ以下）
小企業	10-49人		1000万ユーロ以下	1000万ユーロ以下
中企業	50-249人		5000万ユーロ以下	4300万ユーロ以下
中小企業合計	250人未満		50000万ユーロ以下	4300万ユーロ以下

出典：中小企業金融公庫総合研究所「欧州主要国の中小企業向け政策金融」。

表2　従業員規模別の企業数及び企業総計における割合

	Micro-entreprises 零細企業	PME 中小企業	Entreprises medianes 中堅企業			Total medianes 中堅企業合計	Grandes entreprises 大企業	合計
従業員数	0-19	20-249	250-499	500-999	1000-1999	250-1999	2000以上	
企業数	193,691	23,408	1,203	530	239	1,972	134	219,205
企業数割合(%)	88.36	10.68	61.0	26.9	12.1	0.90	0.06	100

出典："L'industrie en France, Edition 2007"より作成。

することはできません。しかしフランスにおいて中小企業金融の制度が成り立ってきたプロセスを歴史的に捉えると、その背景にある発想、制度設計法に学べるものを見出す事が可能でしょう。

　フランスでは、政府による民間経済活動への介入イメージが強く、中小企業に関しても行政の果たす役割が大きいように思われがちですが、現在の中小企業金融に関しては、政府による関与を最小限にとどめ、政府系金融機関が民間金融機関を補完する中小企業金融制度が整備されています。

　フランスでの現在の中小企業金融の特徴としては、民間金融機関のコストやリスクを低減させることで中小企業向けの融資を供しようとする発想が挙げられます。つまり、政府系金融機関が民間金融機関と競争するのではなく、補完に徹する観点から、協調融資（リスクが大きく民間金融機関単独では融資が難しい場合の、協調しての融資）、部分保証（リスクが大きく民間金融機関単独では融資が難しい場合の、保証提供）、産業振興向け預金口座（CODEVI：中小企業向け融資に運用を限定した、利子非課税の預金商品）、利子補給制度、リレーションシップ・バンキングの実践など、多様な手法がとられており、これらを通じて公的金融の、本来の「補完」的役割を円滑に果たすよう工夫が図られている

のです。

　日本では、先述の政府系金融機関が民間金融機関を補完する形態を持つフランス型とは違って、歴史的に政府系金融機関と民間金融機関は競合関係にありました。しかし2008年10月1日、国民生活金融公庫、農林漁業金融公庫、中小企業金融公庫及び国際協力銀行（国際金融等業務）が統合して発足した株式会社日本政策金融公庫は、ニュースリリースにて「民間金融機関の補完を旨」としており、フランス型の中小企業向け政府系金融機関と同様の役割を担う制度へ方向性が変わってきているようです。

　日本でもフランスでも、70年代までは中小企業への対応が、それほど手厚くなかった点では同じですが、フランスでは歴史的に形成されてきた法制度や金融制度などをベースにして、現在の仕組みの多くが成り立っており、あくまでも市場原理に基づく民間金融機関活力を最大限に活かすように公的金融制度が整備されてきました。

　他方日本では、高度経済成長期まで、大企業への融資は銀行が行い、中小企業への融資は信用金庫や信用組合が取り組むという棲み分けがありました。この状況が、安定経済成長への移行を機に銀行が中小企業への融資に参入してきた経緯があるため、政府系金融機関と民間金融機関との競合関係が生じてきたのです。しかし2008年の日本政策金融公庫の設立を以って、この競合関係には変化がもたらされ、フランス型の政府系金融機関が帯びる補完的役割が日本でも重視されるようになってきました。

3　職人向け融資制度成立の背景

　2でみたフランスでの現行制度の成立背景をみると、73年の第1次石油危機を契機に柔軟な対応力と雇用創出効果に貢献する中小企業の重要性が改めて注目され、それらが企業数全体の90%以上を占める状況か

ら、中小企業対策が産業政策の優先課題とみなされるようになりました。

70年代以前については、とりわけフランス経済の重要部門の一つと位置付けられる「職人」の融資政策に着目して、研究『フランスにおける国家と職人、敬意と侮蔑』（仏語版、2007年）を中心に、手工業政策が開始された1938年からの政策の影響を検討したいと思います。

なお「アルティザナ」（artisanat）という語を、ここでは手工業と仮訳しておきます。本章では、家族や徒弟を除き原則として5人以上の職人や補助者を有さず、生産者が生産に必要な資本を直接所有し、実際の作業の中心は職人による「手仕事」であること、また生産に道具が必要である場合も、その取り扱いに熟練を要する独立した職人的職能を有する諸職業を「アルティザナ」として捉えておきます。例えば、美容師、パン職人、車修理工、建設業者などが挙げられます。

職人階級が発展し始めた両大戦間期と、降伏よりドイツ占領軍からの解放までを担ったヴィシー政権期（1940-44年）では、職人が尊重された時期のように見受けられました。ヴィシー政権のプロパガンダでは、職人は農民と共に、その有名なスローガン『労働—家族—祖国』（travail-famille-patrie）を具現化した存在であり、職人の仕事振りや、その出来栄えは、祖国の名声に関わるものであったとされます。しかしヴィシー政権は、政治的宣伝に職人を利用して、手工業を大事にしているかの如く見せかけたにもかかわらず、労働力、財源、原料物資に亘り、あらゆる要素が不足した時代背景もあって、この時期に職人向け融資制度の進展は殆ど認められませんでした。とはいえヴィシー政権の優先課題の中で、職人向け融資を新たに方向づけようとした点で、同政権の試みは無視できない役割を果たしたと位置づけられるでしょう。

第2次大戦時のドイツ占領軍からの解放後、フランスはヴィシー体制を清算し、シャルル・ド・ゴールを首班とする臨時政府を経て第4共和政（1946-58年）へ移行しました。第4共和政国家の経済政策では、戦後の荒廃から直ちに国を再建し、経済発展や近代化へ向かわせるために、大企業を今後の規範とするパラダイムが打ち出されました。また国

家は財源に限りがあり優先政策を選択し、様々な介入や規制を為しました。急速に進む生産近代化の波も受け、職人は深刻な危機を迎えます。1940年代の手工業は設備投資面で、特に立ち遅れており、その当時の設備の多くは非常に粗雑なものでした。近代化投資への差し迫った必要性があっても、職人たちには、それを行うための十分な自己資本がなく、融資が必要となっていました。にもかかわらず、職人層は国の優先課題から外され、有効な支援のない中で様々な負担を課せられ、他の優先事項の犠牲となるに至ります。戦後の近代化推進派にとって手工業は〈時代遅れのフランス〉のイメージに過ぎず、第3共和政と共に葬り去るべきだと考えていました。このようにして手工業への関心が損なわれ、いわゆる「輝かしい30年」（または〈栄光の三十年間〉：1945～75年の経済復興・成長期）は、職人にとっての暗黒不遇の時期でした。

　第4共和政の職人冷遇路線は、1950年代半ばに入ると終焉を迎えました。アルジェリア戦争に際して無力さを露呈した第4共和政は、シャルル・ド・ゴールの再登場によって第5共和政（1958年-）へ交替を余儀なくされたのです。第5共和政は、「経済計画」において職人委員会を設置するなど、手工業の経済政策上の不遇を改善するのに大いに寄与しました。また、保証機関の充実によって、銀行が職人への貸付市場に参入する機会が増え、こうして職人層は金融市場との関係を取り結び、銀行は融資方法の種類を増やしました。〈時代遅れのフランス〉を象徴するとされた職人の位置づけは、その経済的な重要性と貢献度の面で、見直されるようになったのです。更に1970年代には、経済危機に見舞われた大企業の経営効率性に疑問が投げかけられ、小規模企業のパフォーマンスが再評価され、現行の融資制度が成立していきます。

　歴史的にみて、フランスの中小企業は変革の活力を、それら自身の内側から生ぜしめてきました。国家はしばしば中小企業がもたらした、その変化の力に後から「寄り添う」ようにして歩を進めていくのであり、こうした流れが、2で示した現在の公的金融による民間銀行「補完」の役割を円滑に果たす、中小企業金融制度の発想へ繋がるものと思われま

す。
　このような中小企業金融の制度設計史から明らかになるのは、フランス中小企業の、国家による経済政策上の位置づけが時期ごとに大いに変化したことです。また中小企業の活力は国家支援によって外部から付与されたというよりも、それは企業内部から創出されたエネルギーによるものであり、フランス型の中小企業金融制度が、このような動態を促進したということがわかります。

（金子　真奈）

〈参考文献〉

　　国民生活金融公庫総合研究所『フランスの中小企業金融』2005年。
　　中小企業金融公庫総合研究所『欧州主要国の中小企業向け政策金融』2005年。
　　経済産業省　中小企業白書『フランスの中小企業と中小企業政策』1999年。
　　日本銀行　海外事務所ワーキングペーパーシリーズ『フランスにおける中小企業
　　　　　　向け公的金融制度の特徴』2002年。
　　稲葉襄「フランス中小工業問題の発展」『國民經濟雜誌』111巻(3)号、1965年3月、
　　　　　pp. 23-24。

COLUMN 4

フランス"学生デモ"事情

＊フランスのリール大学へ留学中の、2006年3月のある朝、いつもどおりに大学へ行ったところ、講義棟へ入れません。講義棟のガラス張りのドアの内側にパイプ椅子や机がジャングルジムのように組み立てられ、そのドアには、封鎖した日付（7日金曜日）や集会の日時などが書かれていました。

＊同年3月9日に、26歳以下の青年を対象とした「初期雇用計画」、Contrat Première Embauche（以下、CPE）というプランの入った「機会均等法」が議会で成立しました。採用から2年間は見習い期間と定められ、この間、企業は理由の提示無しに解雇を行うことができる、という法案です。これに対し、学生たちは法案成立前から集会を開き、デモを行い、反対表明の抗議をしました。そして4月10日、結果的に当時のシラク大統領とドビルパン首相はこれを撤回しました。

＊驚いたのは、集会の様子です。600人が入る大講義室は満席で立ち見する学生もおり、壇上には4人のリーダーがいました。集会が始まったとたん、活発な議論が始まります。自分の意見を主張したい人は、挙手をし、発言します。その意見に賛成の人は、手をひらひらとさせました。拍手は音がうるさいので、集会では拍手の代わりに手をひらひらさせるのです。集会が終わってからも、「学生だけでデモを行っても、メディアに取り上げられねば、意味がないのでは？」「授業を受ける権利を侵害しているのでは？」「CPEに反対しても、結局状況は変革されないのでは？」といった議論が学生の間で行われていました。実際に、「デモ」に反対するデモも行われました。

＊フランスでは、デモが多いと聞いていましたが、自らの様々な主張を社会に問うために、実に多様なデモが催される国フランス、を実感する出来事でした。

（定藤　博子）

第Ⅱ部

"六角形"の近接地域への史的探訪

第 5 章

スペイン・カタルーニャの地域工業化

1　はじめに

　カタルーニャというのは、地中海に面し、スペインとフランスにまたがる、バルセローナを中心とする地域で、カタルーニャ語という独自の言語が話されています。そしてスペイン側のカタルーニャは、18 世紀末から 19 世紀前半にかけて、西欧の他の先進諸地域と同様に綿業を主導部門として、いわゆる工業化（産業革命）を達成したスペインで唯一の地域で、18 世紀末に「小さなイングランド」、19 世紀には「スペインの工場」と呼ばれるようになりました。
　それゆえカタルーニャは、西欧の工業化が必ずしも国民国家単位ではなく、むしろ地域的現象として生じたとするフランクリン・メンデルスやシドニー・ポラードの見解に見事に合致する興味深い事例といえます。というのも、スペインでは工業がカタルーニャに極端なまでに集中していたからです。例えば 1856 年の調査では全工業の約 40% がカタルーニャに集中していて、この割合は 19 世紀後半を通してさらに増加していきます。なかでも繊維産業は 1900 年の調査ではその 82% がカタルーニャに集中していて、綿業にいたっては、1856 年と 1900 年のいずれの調査でも 90% 以上がカタルーニャに集中しています。
　しかも、カタルーニャの工業化は、西欧の他の先進諸地域に匹敵する規模と内容を持つものでした。例えば、1880 年代のスペインの 1 人当たり綿糸生産量は、4 位と 5 位の仏独とは僅差で第 6 位の位置を占めて

いました。では、このようなカタルーニャの工業化は、なぜ、どのように、生じたのでしょうか。

2　地域間分業の成立──蒸留酒醸造業と毛織物業

　いわゆる工業化（産業革命・工業化の第二局面）が生じた地域では、それに先立つ時期に、自家消費向けやごく限られた局地的消費向けではなく、本格的な市場向けの販売を目的として行われた農村工業が広範に展開していることが一般的でした。そのような農村工業の成立は「プロト工業化（工業化の第一局面）」と呼ばれています。プロト工業化の始点は、一般的に、域外市場向けの農村工業地域と、それに隣接し、穀物を主に生産する商業的農業地域とのあいだでの、相互補完的な地域間分業の成立に求められています。

　地域間分業でよく知られているのは、メンデルスが描くフランドルの事例で、そこでは農村工業の拡大が地域間分業を引き起こしています。一方、これとは反対に、エリック・ジョーンズの描くイングランドの事例では、地域間分業を引き起こしたのは、むしろ農業の発展でした。

　では、カタルーニャの場合ですが、実は、同地方で地域間分業を引き起こしたのは、ジョーンズの示す事例と同様に農業の発展の方でした。ですが、その農業とは穀物栽培業ではなく、ブドウ栽培業およびブドウ蒸留酒の醸造業だったのです。この点は、カタルーニャのプロト工業化の大きな特徴の一つです。

　フランスのシャラント産ブドウ蒸留酒はオランダ人船乗りなどに非常に好まれていましたが、17世紀後半にオランダとフランスの通商関係が悪化すると、オランダ商人は代替生産地を確保する必要に迫られました。この需要に素早く反応したのが、粗質ワインの生産地だったカタルーニャ南東部だったのです。カタルーニャでは農民の土地保有権が確立していたことも、迅速で柔軟な対応を可能にしました。その結果、17

世紀末以降、ブドウ蒸留酒の北西ヨーロッパへの輸出が急増していくにつれて、ブドウ栽培に比較優位を持つ南東部がブドウ栽培・醸造業に特化していき、他方では、ブドウ栽培に比較劣位を持つカタルーニャ中北部が毛織物業に特化していきました（図1および図2）。

図1　1793年の蒸留器の分布

出　典：Jaume Torras, "Aguardiente y crisis rural, Sobre la coyuntura vitícola, 1793-1832", *Investigaciones Económicas*, núm. 1, 1976, p. 60.

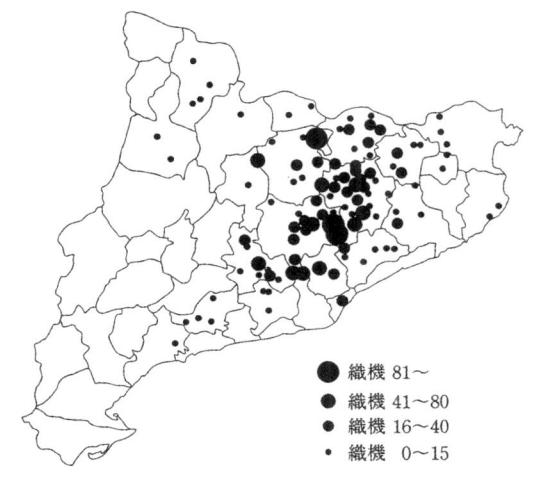

- ● 織機 81～
- ● 織機 41～80
- ● 織機 16～40
- · 織機 0～15

図2　1764年の毛織物業の分布

出　典：J. Torras, "Especialización agrícola e industria rural en Cataluña en el siglo XVIII", *Revista de Historia Económica*, año. II, núm. 3 (1984), p. 120.

3　農村毛織物業の発展

　カタルーニャでは地域間分業の成立によって、それまでは地域全域に存在していた農村毛織物業が、中北部に集中して立地するようになりました。そして、購買力の上昇していった南東部の需要や、スペイン継承戦争（1701-14年）を経て成立したブルボン朝スペイン政府が国内関税を廃止したことを背景として、毛織物業は急速に発展していきました。

　そして、カタルーニャ中北部は、スペインの他の毛織物産地との地域間競争を優位に展開していくのですが、その要因の一つは、集積の経済の効果にあったと考えられます。というのも、他の産地が比較的大規模で、地理的にも経済的に孤立していたのに対し、カタルーニャ中北部の場合、比較的狭い範囲のなかに、多数の小規模産地が群がるように密集していたからです。集積の経済の効果とは、(1) 技術の波及や改良促進の効果、(2) 産地内や隣接地に補助産業が成立することで、その産地に特化した投入財やサーヴィスを産地が享受できるようになり、間接費が低減される効果、(3) その当該産業に特有の技能労働が創出され集積される効果などのことです。

　例えば、(2) に関しては、中北部に隣接する特定の小村落の出身者によって、スペイン中にカタルーニャ商人ネットワークが形成され、彼らが原材料および穀物をスペイン他地域から同地方へ、また製品を同地方から他地域に搬送するとともに、各地の市場動向を迅速に製造業者に伝えていました。そして彼らの行動様式は、まさに交易離散共同体 trading diaspora といえるものでした。また (3) に関しては、ある産地が他の産地から織布工を引き抜いたり、他の産地に仕事を請け負わせたりすることで、中北部が需要の変動に機敏に対応していたことが挙げられます。

　ところで、ギルド（同業者組合）は、競争を抑止するがゆえに産業の発展を妨げるものであると一般的に考えられていますが、カタルーニャの毛織物業は農村工業でありながら、織元（製造業者）や織布工はギル

ドを組織していました。そして、近年の研究では、同地方の場合、少なくとも18世紀半ば頃までは、ギルドという制度・非市場組織は、成長促進的な役割をはたしたことが指摘されています。ギルドの品質検査制度は、産地ブランドの確立に貢献し、徒弟修業による技能訓練は、外国産と競争しうる規格化された製品作りに役立ちました。また、親方試験で親方の子弟が優先されたことは、農村部で最低限の熟練労働を確保する役割もはたしました。

4　綿業の成立と展開

　一方、カタルーニャの首都であるバルセローナでは、18世紀に入ると、輸入綿布を用いた更紗捺染業が誕生していきました。更紗 indianes とは捺染綿布のことです。そして、政府が1716〜28年にかけて、マルタ島産の綿糸（レヴァント綿糸の一種）を唯一の例外として、あらゆる外国産綿製品の輸入を禁止し更紗の輸入代替を促したことで、バルセローナでは更紗捺染企業 fàbrica d'indianes の設立が30年代以降に増加していきました。マルタ綿糸を用い、織布と捺染の両工程が垂直統合され、捺染に加えて織布も集中作業所で行われていたことが、これらの企業の特徴でした。

　バルセローナで更紗捺染業が成立した要因としては、同市には織物業の一定の集積があり、絹染色工、絹や亜麻の織布工などが存在していたこと、活発な投資活動や貿易を行っていた織物小売商のような商人層が存在していたこと、そして、輸出入集配基地だった同市には、すでに17世紀を通してレヴァント産更紗がマルセイユなどを経由して輸入され、他のヨーロッパ先進諸地域と同様更紗の消費が始まっていたことがあります。

　17世紀のヨーロッパでインド産やレヴァント産の更紗が流行したのは、それが軽量で洗濯も容易なうえ、ヨーロッパにとって未知の物産

で、「舶来趣味」を刺激する異国情緒に満ちた捺染が施され、上層以外の階層の人にも手の届く「半奢侈品」だったからです。そして、スペイン他地域でも 18 世紀を通して、在来の毛織物や亜麻織物などから更紗への消費転換が進んでいき、カタルーニャ産更紗は先述のカタルーニャ商人ネットワークを介してスペイン他地域に販売されていきました。

ところが、1780 年代に入ると、カタルーニャ綿業は大きな変化を被ります。まず、更紗の需要が高まっていったことで、マルタ綿糸の独占供給業者だったマルタ商人が、綿糸の価格をつり上げたのです。このような状況下、農村中北部の毛織物製造業者たちは、毛織物業の生産組織、労働力、道具などの地域的経営資源を用いて、綿の紡績・織布業に業種転換していき、植民地（スペイン領アメリカ）産の綿花を用いて生産した無地綿布をバルセローナの更紗捺染企業に販売し始めました（図3）。このような変化が短期間に生じたことも、80 年代にジェニー紡績機が急速に普及したこととあわせて、集積の経済の効果の一つであるといえます。そして以後、マルタ綿糸の価格が下がったこともあって、更紗捺染業企業は、自らがマルタ綿糸を用いて内製した綿布と、農村の業者から購入した外製綿布の双方を用いるようになりました。

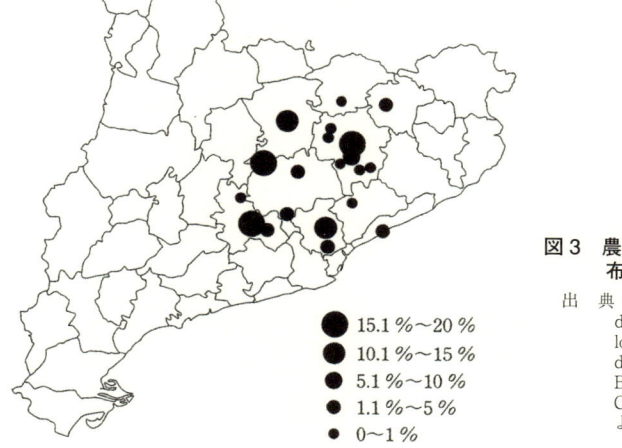

図3　農村の綿織布業の分布（1785-1806 年）

出　典：Institut Municipal d'Història de Barcelona, Libre de lo que deu la fabrica de Joan Baptista Sires, Fons Comercial, B262-269 より計算

また他方で、1770年代、特に80年代以降、北西ヨーロッパへブドウ蒸留酒を輸出して得た代金でフランス産やドイツ産の白地亜麻織物が輸入され、バルセローナの更紗捺染企業で捺染され後に植民地へ輸出されるようになり、さらにこの輸出で得た代金が植民地産綿花の購入に充てられていきました。その背景には、植民地ではヨーロッパ産の亜麻織物が好まれていたという事情がありましたが、逆にいえば、植民地はカタルーニャ産更紗の市場としてはあまり重要ではありませんでした。

　しかし、1797年にイギリスとの戦争が始まると、植民地との貿易が途絶えました。綿花は代替生産地の確保で何とかなりましたが、むしろ影響が大きかったのはマルタ綿糸の輸入までもが途絶えてしまったことです。つまり、今やカタールニャ線業は、捺染亜麻布の植民地への輸出ができなくなり、国内を唯一の市場として綿業に専念せざるを得なくなったまさにその時に、綿糸をすべてカタルーニャで内製しなければいけなくなったのです。その結果、以後同地方ではバルガダーナ紡績機（改良版ジェニー）や水力紡績機が普及し始め、ミュール紡績機も導入（1802年）され、水力や馬力巻上げ機を用いた萌芽的な工場制工業化が進展していくことになったのです。

（奥野　良知）

〈参考文献〉

奥野良知「18世紀カタルーニャの地域工業化——産地形成と業種転換を中心に」『社会経済史学』第67巻第3号、2001年。
斉藤修『プロト工業化の時代』日本評論社、1985年。
篠塚信義他編『地域工業化の比較史的研究』北海道大学図書刊行会、2003年。
S・D・チャップマン（佐村明知訳）『産業革命のなかの綿工業』晃洋書房、1990年。
F・メンデルス他（篠塚信義他訳）『西欧近代と農村工業』北海道大学図書刊行会、1991年。

COLUMN 5

社会経済システムとフランス鉄道事情

＊現代フランスは鉄道大国の一つです。日本の新幹線網に相当する高速鉄道ネットワークが全土を覆い、国外へも拡がる超特急列車 TGV が疾走していて、西ヨーロッパ最大の旅客・距離数 735 億人 Km 余り（2002 年）を誇る鉄道システムを擁しています（なお同年の貨物・距離数ではドイツが西欧首位）。

＊鉄道を初めとする交通手段の整備は、今日でも、また鉄道が創業した近代期でも、一国の「国造り」、国民経済システム拡充と直結しています。それ故に国土開発の点からも、どの地域に路線を敷設していくのか、如何なる地点間を結ぶ路線としていくのかは、フランスでも重要な政策課題であり続けました。

＊現在のフランス国鉄（SNCF）に引き継がれる、近代期に構築された幹線網はパリから〈放射線状〉に全国各地へ延びる形式であり、これによって首都と地方とを結びつけようとしました。この〈放射線状〉路線は、建設された 19 世紀当時には〈星型〉鉄道網と技師たちに呼ばれていました。首都から発する〈星型〉鉄道網は、さらに地中海の対岸に有していた北アフリカの植民地（モロッコ、アルジェリア等）へも連絡していきます。

＊この〈星型〉鉄道網に象徴されるようにフランスの社会経済システムに関しては、その中央集権指向性が、しばしば指摘されてきました。その半面、国内各地の様々な地域特性を反映した、豊かな多様性もフランスの特徴です。かつての路線敷設においても、〈星型〉鉄道網の構築策ばかりでなく、北部の工業都市と貿易港を結ぶ新路線のような、特定の国内産業拠点の発展を促す幹線建設策もプランとして模索されてきました（栗田啓子『エンジニア・エコノミスト』1992 年、第 6 章、第 7 章）。今日の TGV 新ネットワークも、あえてパリを経由しない新たな地方都市間幹線網が構築されています。

＊上掲書が明快に示唆するように、鉄道敷設の在り方ひとつ取っても、フランス社会経済システムが帯びる多角的に拡がる方向性と、その新しいダイナミズムとが、ここに明瞭に見出せます。

（市川 文彦）

第6章

戦後の独仏経済関係
―― シューマン・プランからローマ条約へ

1　シューマン・プランと独仏和解

　21世紀初頭に「ヨーロッパ連合」(European Union : EU) 加盟国では一部の国を除いて、単一通貨ユーロが流通するようになりました。このようにヨーロッパ諸国が国家の枠組みを越えて共通の制度を作ることをヨーロッパ統合と言います。そのような仕組みのために、加盟国には超国家性の原則が適用されます。超国家性とは、加盟国が国家主権の一部を、ヨーロッパ・レベルの上位機関である超国家機関に委譲することを意味しています。

　ヨーロッパ統合は最初から、フランスとドイツ（1949年から1990年までは西ドイツ）のパートナーシップを軸として推進されてきました。もっとも実際には、両国が統合を積極的に牽引するというよりもむしろ、両国の利害が調整できた場合に統合が進展するという場合の方が多いように思われます。

　そこで以下では、ヨーロッパ統合の開始と関連づけて、独仏関係の展開について概観したいと思います。また、ユーロ導入に至った統合は、主に経済の領域で進められてきた経済統合です。したがって、独仏関係については経済的な観点から論じる必要があるでしょう。ただし、政治的な要素が、国家間の関係を規定する上で大きな力をもっているのも事実です。そのため、独仏の政治的な関係にも関心が向けられます。

ヨーロッパ統合の歴史は古く、現在まで続く統合は1950年代に開始されました。最初に統合を具体化した制度は、1952年にフランス、西ドイツ、ベネルクス三国（ベルギー、オランダ、ルクセンブルク）そしてイタリアによって設立された「ヨーロッパ石炭鉄鋼共同体」(European Coal and Steel Community : ECSC) です。ECSCは、1950年5月9日に発表されたプランを実行に移したものでした。そのプランはシューマン・プランと呼ばれていますが、それは、フランス外相ロベール・シューマン (Robert Schuman) によって発表されたことに由来しています。

　西ドイツがフランスの最も重要なパートナーとなったのは、平和を求める声が高まっていたことと無関係ではありません。独仏間には幾度か戦火を交えてきた歴史があります。特に第二次世界大戦（1939年から1945年）は、両国の敵対関係を象徴したものであると同時に、その被害の大きさから両国の長年の対立を解消しようとする契機となりました。シューマン・プランはそのために、少なくとも国家レベルで独仏和解を実現しようとするものでした。

　西ドイツ連邦首相コンラート・アデナウアー (Konrad Adenauer) にとって、シューマン・プランには格別な意義がありました。当時、西ドイツは独立国でありながら、第二次世界大戦の敗戦国であるがゆえに米英仏の西側連合国による占領状態にありました。東西冷戦が激化する中でアデナウアーは、西側ブロックへ西ドイツを組み込むことで国際的な承認を得て、独立を完成させようとしていました。そのため、フランスとの政治的な関係を強化することにつながるシューマン・プランは、西ドイツにとって非常に重要でした。

　このように、ECSC設立には、政治的に動機づけられていた側面がありました。しかし、シューマン・プランならびにECSCはやはり、独仏を中心に経済統合を実現するための枠組みであったということに注意が払われなければなりません。

2　ECSCの経済的側面

　フランスによって発表されたシューマン・プランの目的は、ヨーロッパ各国が対等の立場で、基幹産業である石炭・鉄鋼部門を統合することでした。石炭・鉄鋼に関する各国の市場を合わせて、自由競争に基づく一つの市場にすることが目指されました。第二次世界大戦によって疲弊した経済を復興させ、さらに発展させるための基盤、すなわち、規模の経済（生産規模が大きくなれば生産物一単位当たりの平均生産費用が下がること）を実現する条件としての大規模な市場が必要とされたためです。独仏は、石炭・鉄鋼部門で緊密に協力することに関して見解が一致していました。

　ヨーロッパ規模の市場は関税同盟（複数の国が同盟して、同盟国間の関税をなくし、同盟国以外の国に対しては共通の関税を設定すること）の形で開設されました。また、超国家機関である「最高機関」が行政機関として設置され、統一市場を管理することになりました（以下では、関税同盟と共通政策という二つの要素をともなう統一市場を「共同市場」と呼ぶこととします）。こうして、独仏関係は経済的に不可分なものになりました。

　しかし、ECSC設立の背景には、独仏それぞれに独自の経済的な利益がありました。鉄鋼の生産に必要な燃料である石炭の不足に悩まされていたフランスは、良質の石炭資源に恵まれた西ドイツから安定的に石炭を調達することに関心を抱いていました。共同市場を通じて西ドイツの石炭を確保することが可能になることは、フランスにとっての利益でした。

　また、共同市場の開設はフランスの鉄鋼加工業、例えば機械工業や自動車工業に利益をもたらしうるものでした。価格が比較的低く、かつ、高品質の鉄鋼が西ドイツから調達されれば、あるいは、むしろこちらの方が重要であったかもしれませんが、人為的に高く設定されているフラ

ンスの鉄鋼価格が共同市場での競争を通じて低下すれば、フランスの鉄鋼加工業全体の高い原価つまり低い競争力が改善されると期待されたからです。

　他方、共同市場の開設が事実上、鉄鋼の輸出市場の獲得につながることはもちろん、西ドイツにとっての利益でした。しかし、西ドイツにとっては、それ以上に重要な利益がありました。西ドイツの鉄鋼業は、鉄鋼業そのものが軍需産業としての性格をもつために、西側連合国によって特に厳しく監視されていました。石炭・鉄鋼に関する対等の立場を前提としている以上、西ドイツにとってシューマン・プランは、自国の鉄鋼業がそのような監視から早期に解放されることを意味していました。西側連合国による監視からの解放が、もともと生産力あるいは競争力が高い西ドイツの鉄鋼業のさらなる発展につながることは明らかでした（図1）。

　しかし、フランスにとって、西ドイツの鉄鋼業のさらなる発展は望ましいことではありませんでした。西ドイツの鉄鋼業の強大化はフランスの鉄鋼業の脅威になりえたからです。フランスにとっては、解放後の西ドイツの鉄鋼業の活力を抑えることが重要でした。フランスは最高機関

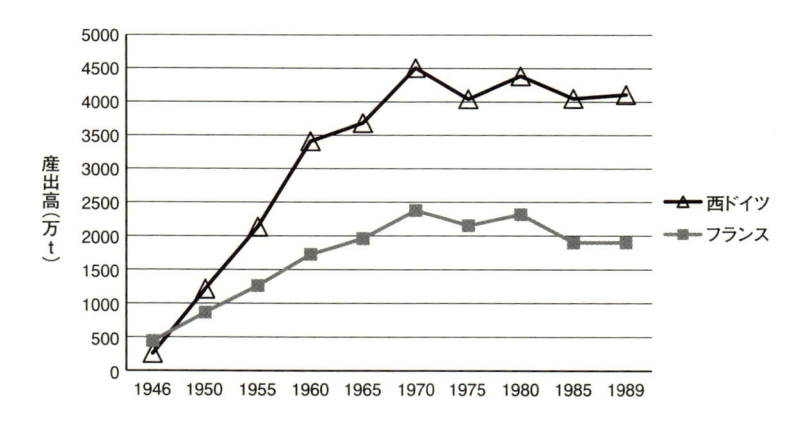

図1　独仏の粗鋼産出高の推移
出典：B.ミッチェル編『ヨーロッパ歴史統計　1750-1993』より作成。

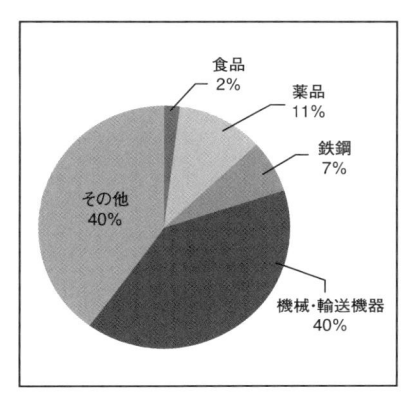

図2　西ドイツの輸出構成比（1955年）
食品 2%
薬品 11%
鉄鋼 7%
機械・輸送機器 40%
その他 40%

出典：国連『貿易統計年鑑』より算出の上、作成。

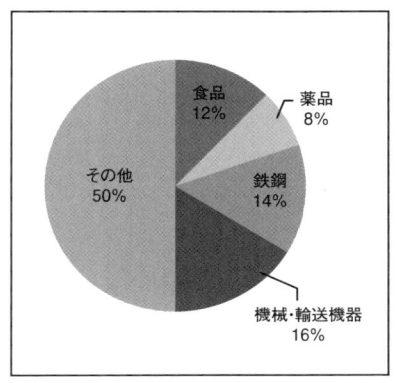

図3　フランスの輸出構成比（1955年）
食品 12%
薬品 8%
鉄鋼 14%
機械・輸送機器 16%
その他 50%

出典：国連『貿易統計年鑑』より算出の上、作成。

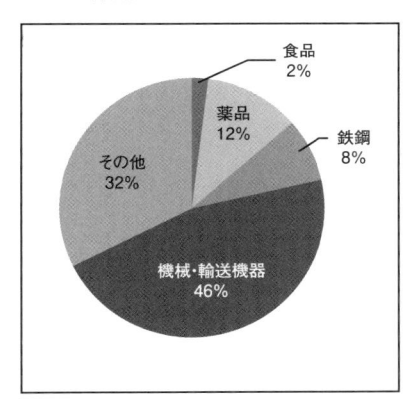

図4　西ドイツの輸出構成比（1965年）
食品 2%
薬品 12%
鉄鋼 8%
機械・輸送機器 46%
その他 32%

出典：国連『貿易統計年鑑』より算出の上、作成。

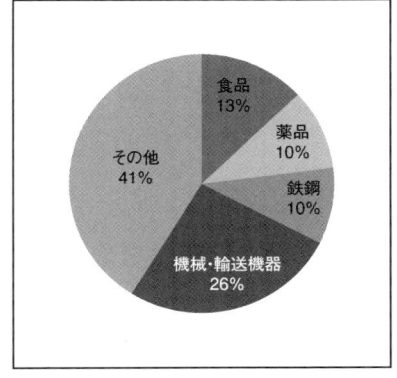

図5　フランスの輸出構成比（1965年）
食品 13%
薬品 10%
鉄鋼 10%
機械・輸送機器 26%
その他 41%

出典：国連『貿易統計年鑑』より算出の上、作成。

に対して、対等な競争という名目で、実質的には自国に有利となるように、西ドイツの鉄鋼業の強大化を阻止する役割を期待していたでしょう。

　このように、石炭・鉄鋼部門を統合するという大前提は共有されていたものの、対等の立場の捉え方が独仏間で異なっていました。それに起因する独仏の対立は ECSC 設立交渉で表面化しましたが、それでも ECSC が設立されたのは、最終的に妥協が成立したからです。この妥協

は、西ドイツにとっては、西ドイツの鉄鋼業が西側連合国による厳しい監視から早期に解放されるという点、および西ドイツの鉄鋼業のさらなる発展が共同市場を通じて保障されうるという点に利益がありました。他方、フランスにとっては、ECSCがなくても、いずれは完全に西側連合国による監視から解放されるであろう西ドイツの鉄鋼業に対して、最高機関を通じて一定の影響力を確保することができるという利点がありました。

3　ECSC設立後の独仏経済関係

　ECSC設立後の1955年にベネルクス側から、すでに統合されている石炭・鉄鋼部門を除く経済全体の統合を一挙に実現することが提案されました。その上、それは「より自由主義的な」全般的共同市場の開設を意味していました。より自由主義的な市場とは、超国家機関による規制がより少なく、より自由な経済活動が保障される市場を指します。

　西ドイツは、産業の生産力あるいは競争力が全体的に高いために輸出志向が強く、貿易自由化を推進する立場でしたので、より自由主義的な全般的共同市場を支持しました。しかも、西ドイツは1955年には独立を完成させ、発言力が高まっていました（図2～図5）。

　フランスは、西ドイツとの競争が不安の種になったために反対しました。フランスは結局、全般的共同市場を受諾しましたが、その条件とされたのが産業保護政策でした。これはフランスにとって、西ドイツの競争力が脅威にならないための保証となるものでした。こうして、「ヨーロッパ経済共同体」（European Economic Community : EEC）を設立するための「ローマ条約」が1957年にECSC加盟6カ国によって調印されました。

　しかし、より重要なのは、ヨーロッパでの貿易の発展と独仏経済の相互依存関係（相互補完関係）に支えられて1950年代の高度成長が進行

したことから、フランスにおいて西ドイツ経済との統合のメリットが認識されたことです。そのため、ここでも利害の調整が図られましたが、独仏協調に基づくヨーロッパ統合は、経済的な相互補完関係を強化するという点でより自然な独仏経済関係を樹立するものへと変容していきました。

(田中　延幸)

〈参考文献〉

大西健夫・岸上慎太郎編『EU統合の系譜』早稲田大学出版部、1995年。
永岑三千輝・廣田功編著『ヨーロッパ統合の社会史——背景・論理・展望』日本経済評論社、2004年。
廣田功・森建資編著『戦後再建期のヨーロッパ経済——復興から統合へ』日本経済評論社、1998年。
廣田愛理「仏独経済関係と欧州統合(1945-1955年)」『現代史研究』第49号、2003年。
ロベール・フランク(廣田功訳)『欧州統合史のダイナミズム——フランスとパートナー国』日本経済評論社、2003年。

COLUMN 6

現在と近代を結ぶ時代
──戦間期の研究

＊皆さんは「戦間期」という時代が、いつ頃のことかご存知ですか？戦間期とは二度に亘る世界大戦に挟まれた時代のことで、第一次大戦終了時の1918年から、第二次大戦勃発の1939年までの期間となります。ゆえに1920年代、1930年代を戦間期と称します。

＊フランス社会の場合は、大革命が始まった1789年から、第一次世界大戦突入の1914年までを「長い19世紀」と呼ぶことがあります。「19世紀的状況」が約125年間に及ぶと捉えるからです。差し詰め戦間期とは、近代を形成した「長い19世紀」と、現在を含む第二次大戦後＝「戦後期」の両時代（「現代史」の範囲）の接点となる時期であり、いわば近代と現在とを結びつける時代として位置付けられます。そして戦間期は、近代史と現代史の間の連続性と断続性の二面を照らし出す時代でもあります。

＊地元＝フランス本国においても、我が国においても、この戦間期フランス経済を対象とする研究は盛んに進められています。例えば先駆的考究である四文献、原輝史『フランス資本主義　成立と展開』（1986年）、同『フランス戦間期経済史研究』（1999年）、また古賀和文『20世紀フランス経済史の研究──戦間期の国家と産業』（1988年）、廣田功『現代フランスの史的形成──両大戦間期の経済と社会』（1994年）、等です。

＊さらに、この時期の産業史分析に関わる本格的な実証研究も着実に進展しています。権上康男『フランス帝国主義とアジア──インドシナ銀行史研究』（1985年）、同『フランス資本主義と中央銀行──フランス銀行近代化の歴史』（1999年）、また菊池孝美『フランス対外経済関係の研究──資本輸出・貿易・植民地』（1996年）、矢後和彦『フランスにおける公的金融と大衆貯蓄──預金供託金庫と貯蓄金庫1816-1944』（1999年）、さらに原輝史編『科学的管理法の導入と展開──その歴史的国際比較』（1990年）が刊行されています。

（市川　文彦）

付録

1)〈フランス・欧州経済社会史〉という新世界を望むための、執筆者からの文献ガイド(執筆順掲載)

① グザヴィエ・ド・プラノール『フランス文化の歴史地理学』(手塚章、三木一彦訳)二宮書店、2005 年。

　〈フランス文化〉という語に包み込まれるフランス人の生活様式や生産活動等々の多様な社会経済現象を、時間推移と空間構成という二軸から考察した大著。フランス歴史学を刷新した〈年報学派〉と著者との知的繋がりも本書に投影される。なお周到かつ充実した訳注、付録データに満ちたアントワーヌ・プロスト『20 世紀のフランス』(村上慎弓訳)松籟社、1994 年も得難い良書。　　　　　　　　　　　(市川　文彦)

② 原輝史編『フランス経営史』有斐閣、1980 年。

　19 世紀半ば以降のフランス経営史学上の諸論点に関して、企業者(精神、出自、特質)、企業(ロスチャイルド、ルノー、ボン・マルシェ、フランス国鉄)、産業(綿業、製鉄業、農業、労働運動、労務管理、経営管理論)の三つのレベルから分析した珠玉の書。広範囲のテーマを各専門家の分担執筆により網羅。入門書にして専門書の域へ。ぜひ一読を。
　　　　　　　　　　　　　　　　　　　　　　　(中垣　勝臣)

③ テッド・スタンガー『なんだこりゃ！フランス人　在仏アメリカ人が見た、不思議の国フ・ラ・ン・ス』(藤野優哉訳)新宿書房、2004 年。

　フランス人がアメリカを批判した本は数多いが、本書は日本語で読める数少ないアメリカ人による反フランス本。とはいえ本書は、フランス

人の「非常識」だけでなく、それを批判するアメリカ人の「非常識」をも皮肉とユーモアを交えて浮き彫りにしている。この二つの「非常識」を知ることに、日本人が本書を読む意義がある。

（乗川　聡）

④　原輝史編『EU経営史』税務経理協会、2001年。

　本書は統合の深化が実現しつつある欧州において、EU参加国の経済環境や経営風土を背景に抱く各国の代表的企業の経営実態を歴史的に検討した包括的文献。さらにEU自体が域内の個別企業に対して、どのような政策を取りつつあるのかをも明らかにしていく好著である。

（金子　真奈）

⑤　原輝史・工藤章編『現代ヨーロッパ経済史』有斐閣、1996年。

　特に第4章（立石博高執筆）は、19世紀以降のスペイン経済史の流れを簡潔に記している。なお近現代のスペイン経済史をより深く学ぶには、やや古い本ではあるが、J・ハリソン『スペイン経済の歴史』（弘田嘉男訳）西田書店、1985年が良い。また、スペイン経済論を広く学ぶには、戸門一衛・原輝史編『スペイン経済』早稲田大学出版部、1998年もお薦め。

（奥野　良知）

⑥　ロベール・フランク『欧州統合史のダイナミズム——フランスとパートナー国』（廣田功訳）日本経済評論社、2003年。

　本書はヨーロッパ統合史の入門書として位置づけられる。本書では、フランス史の立場から統合史が概観されているが、中軸としてのフランスとドイツの関係、さらにイギリスを加えた三国関係も扱われている。また、近年の研究成果を反映して、アイデンティティーの問題という重要なテーマについても論じられている。

（田中　延幸）

2) 長期統計グラフ

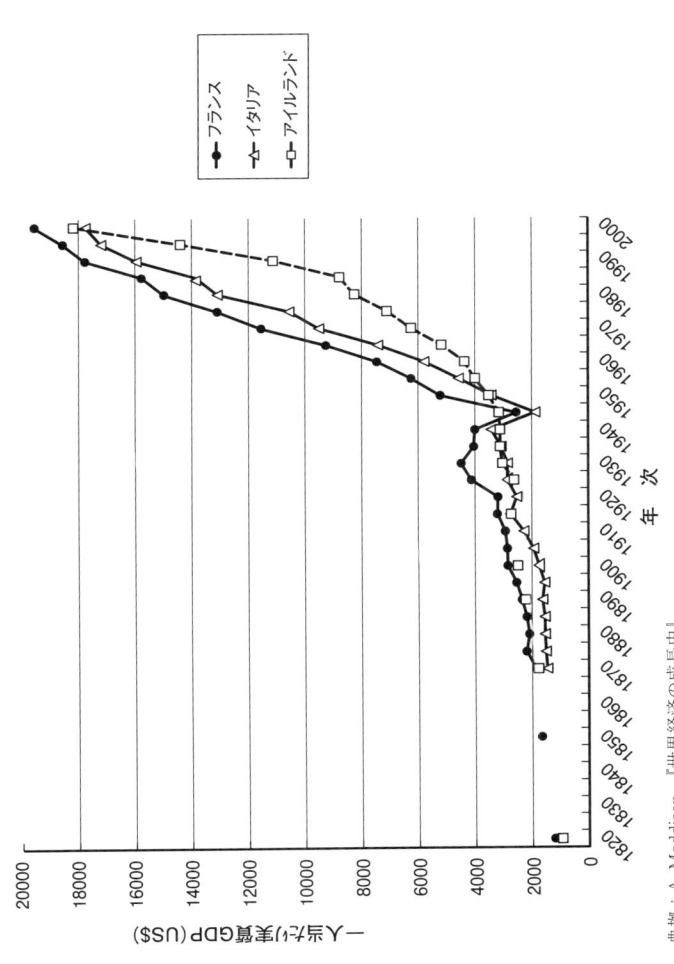

付図1 ヨーロッパ3カ国一人当り実質GDP水準長期推移：1820-2000年

典拠：A. Maddison『世界経済の成長史』。
作成：関学大・市川ゼミ3年生チーム2005による算出・加工。

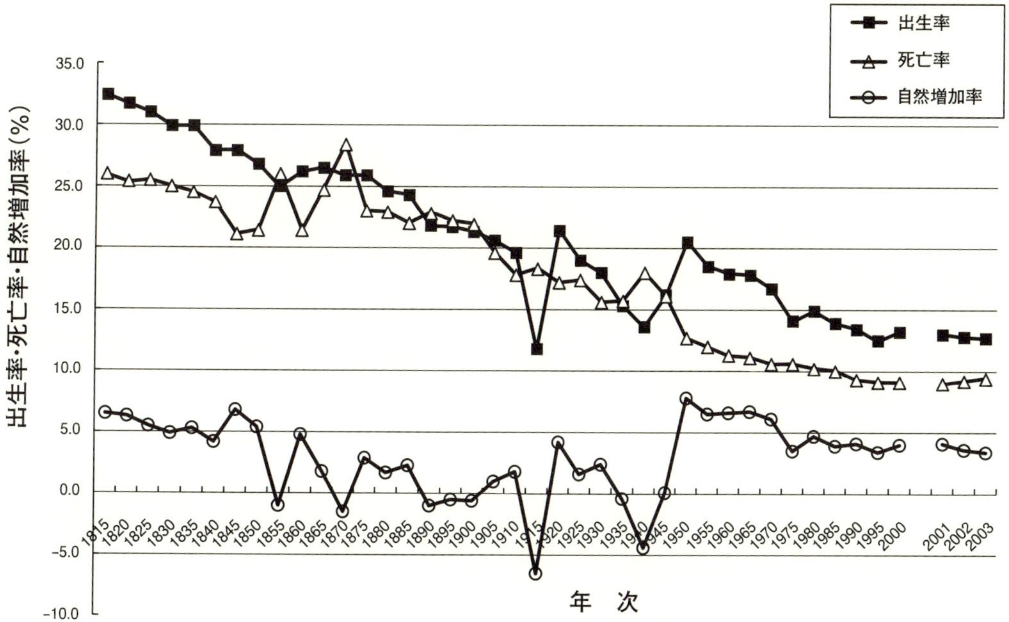

74

付図2 フランスの長期人口動向：1815-2003年

典拠：P. Flora『ヨーロッパ歴史統計』上巻：B. R. Mitchell "International Historical Statistics"。
作成：関学大・市川ゼミ3年生チーム 2007 による算出、加工。

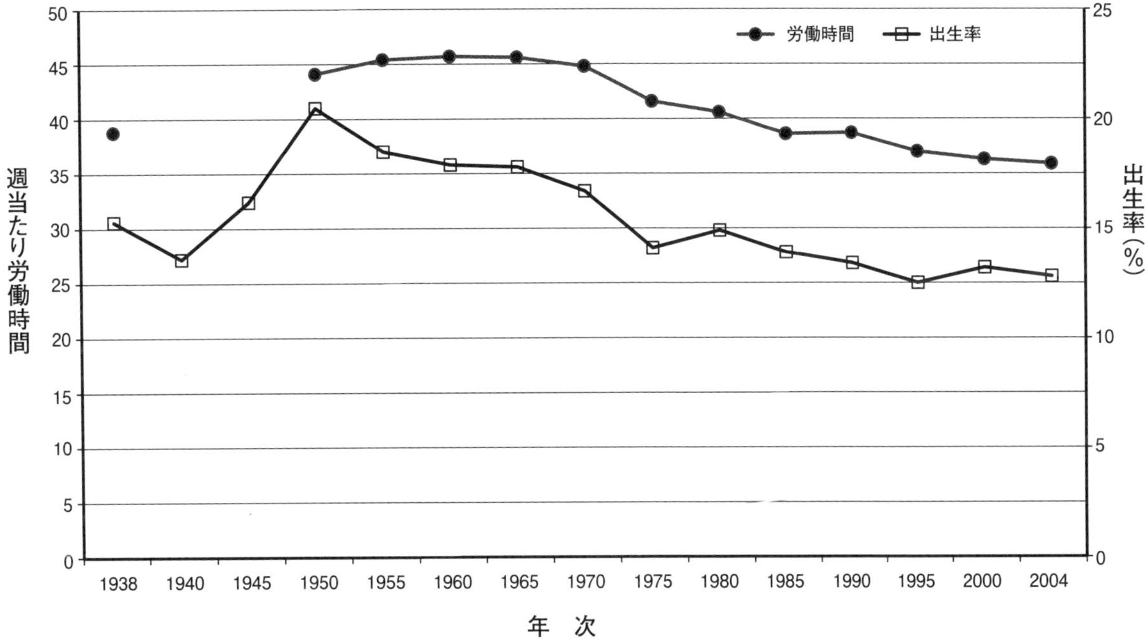

付図3 フランスの出生率と労働時間の長期動向：1938-2004年

典拠：ILO『国際労働経済統計年鑑』；B R Mitchell "International Historical Statistics"。
作成：関学大・市川ゼミ3年生チーム2008による算出、加工。

あとがき

　本書は、日仏修好通商条約締結150周年に当たる昨年（2008年）の初秋に構想され、企画の運びとなりました。この書は先にこの〈KG りぶれっと〉シリーズから公刊された『史的に探るということ！』（2006年）のいわば"姉妹編"に相当します。

　前共著と同じく、本書刊行にあたり関西学院大学出版会・編集委員会の編集長・田村和彦教授、編集委員・山本栄一名誉教授のご尽力を戴きました。また同事務局・田中直哉氏と編集・制作担当の浅香雅代氏により、前回と同様に丁寧で細やかな作業を進めていただきました。ここに記して心より御礼申し上げます。

　本書は『史的に探るということ！』に範をとって、フランス（及び隣邦）経済社会史というテーマに連なる幾つかのトピックスを、ヨーロッパ、さらに世界という、より大きな地平から捉えてみようとしました。

　このような企てを意欲的に担ったのは、原　輝史先生（早大商学部・商学学術院教授）が主宰する早稲田大学商学部また同大学院商学研究科の西洋資本主義発達史／西洋経済史研究室に学んだヨーロッパ経済史専攻者たちであり、各章の執筆分担者となっています。さらに「コラム」執筆者として、関西学院大学経済学部を了え、いま大学院で共に経済史研究に取り組む定藤博子さん（大阪大学・経済学研究科・佐村研究室）、井上紗由里さん（関西学院大学・経済学研究科・市川研究室）を迎え、お二人の貴重な協力も得ました。

　さて原　輝史先生の研究室の学部ゼミで、また大学院ゼミで経済史研究の手ほどきをうけた者は先生から多くの薫陶を賜りました。とりわけ原先生の研究姿勢から学ぶべきことの一つは、全国各地のフランス経済史研究者を束ねるネットワークを構築して、定評ある名著の共同翻訳に挑んだり、本書にも登場する〈フランス経済史研究会〉を共同組織して、この領域でのフランス研究の着実な進展を図る機会を度々設定し、自ら

実践なさってきたことです。そこで、この書物も先生に倣って、小振りながら初めて原研究室のネットワークに拠りながら編むことを試みました。

　目下、療養を続けている原　輝史先生へ、我々執筆者は先生とご家族の、これからのご健康をお祈りするとともに、今日までのご学恩とご薫陶への感謝の徴として、先生ご自身の研究室ネットワーク初の「共同作品」たる、このささやかな一書を捧げることと致します。

　　2009年水無月
　　　　　　日仏修好151年目の初夏に、執筆者一同を代表して
　　　　　　　　　　　　　　　　　　　　　　　　市川　文彦

執筆者略歴（執筆順）

市川　文彦（いちかわ　ふみひこ）

EHESS（フランス国立社会科学高等研究院）Senior Fellow
早稲田大学　商学部卒業（1984 年）
大阪大学大学院　経済学研究科退学

中垣　勝臣（なかがき　かつおみ）

朝日大学　経営学部准教授
早稲田大学　商学部卒業（1993 年）
早稲田大学大学院　商学研究科退学

乗川　聡（のりかわ　さとし）

帝京大学　経済学部講師
早稲田大学　商学部卒業（1996 年）
早稲田大学大学院　商学研究科退学

金子　真奈（かねこ　まな）

早稲田大学大学院　商学研究科博士前期課程修了
早稲田大学　商学部卒業（2007 年）

奥野　良知（おくの　よしとも）

愛知県立大学　外国語学部教授
早稲田大学　商学部卒業（1990 年）
早稲田大学大学院　商学研究科退学

田中　延幸（たなか　のぶゆき）
帝京大学　経済学部講師
早稲田大学　商学部卒業（2004 年）

井上　紗由里（いのうえ　さゆり）
関西学院大学大学院　経済学研究科博士前期課程修了
関西学院大学　経済学部卒業（2008 年）

定藤　博子（さだとう　ひろこ）
阪南大学　経済学部准教授
関西学院大学　経済学部卒業（2007 年）

K. G. りぶれっと　No.24

フランス経済社会の近現代
その史的探訪

2009 年 9 月 30 日　初版第一刷発行
2024 年 5 月 31 日　初版第二刷発行

著　者	市川文彦／奥野良知／中垣勝臣／乗川聡／
	田中延幸／金子真奈／定藤博子／井上紗由里
発行者	田村和彦
発行所	関西学院大学出版会
所在地	〒 662-0891
	兵庫県西宮市上ケ原一番町 1-155
電　話	0798-53-7002
印　刷	協和印刷株式会社

©2009 Fumihiko Ichikawa　Yoshitomo Okuno
Katsuomi Nakagaki　Satoshi Norikawa　Nobuyuki Tanaka
Mana Kaneko　Hiroko Sadato　Sayuri Inoue
Printed in Japan by Kwansei Gakuin University Press
ISBN 978-4-86283-045-6
乱丁・落丁本はお取り替えいたします。
本書の全部または一部を無断で複写・複製することを禁じます。

関西学院大学出版会「K・G・りぶれっと」発刊のことば

大学はいうまでもなく、時代の申し子である。

その意味で、大学が生き生きとした活力をいつももっていてほしいというのは、大学を構成するもの達だけではなく、広く一般社会の願いである。

研究、対話の成果である大学内の知的活動を広く社会に評価の場を求める行為が、社会へのさまざまなメッセージとなり、大学の活力のおおきな源泉になりうると信じている。

遅まきながら関西学院大学出版会を立ち上げたのもその一助になりたいためである。

ここに、広く学院内外に執筆者を求め、講義、ゼミ、実習その他授業全般に関する補助教材、あるいは現代社会の諸問題を新たな切り口から解剖した論評などを、できるだけ平易に、かつさまざまな形式によって提供する場を設けることにした。

一冊、四万字を目安として発信されたものが、読み手を通して〈教え―学ぶ〉活動を活性化させ、社会の問題提起となり、時に読み手から発信者への反応を受けて、書き手が応答するなど「知」の活性化の場となることを期待している。

多くの方々が相互行為としての「大学」をめざして、この場に参加されることを願っている。

二〇〇〇年　四月